쟌느의
SNS
마케팅을 위한
포토샵 디자인

쟌느(이하나) 지음

쟌느의 SNS 마케팅을 위한 포토샵 디자인

ⓒ 2020. 쟌느(이하나) All Rights Reserved.

1쇄 발행 2020년 4월 15일
5쇄 발행 2023년 4월 1일

지은이 쟌느(이하나)
펴낸이 장성두
펴낸곳 주식회사 제이펍

출판신고 2009년 11월 10일 제406-2009-000087호
주소 경기도 파주시 회동길 159 3층 / **전화** 070-8201-9010 / **팩스** 02-6280-0405
홈페이지 www.jpub.kr / **원고투고** submit@jpub.kr / **독자문의** help@jpub.kr / **교재문의** textbook@jpub.kr

소통기획부 김정준, 송찬수, 박재인, 배인혜, 이상복, 송영화, 권유라
소통지원부 민지환, 이승환, 김정미, 서세원 / **디자인부** 이민숙, 최병찬

진행 및 교정 · 교열 송찬수 / **내지 및 표지디자인** 다람쥐 생활
용지 타라유통 / **인쇄** 한길프린테크 / **제본** 일진제책사

ISBN 979-11-90665-16-2 (13000)
값 18,000원

제이펍은 독자 여러분의 아이디어와 원고 투고를 기다리고 있습니다. 책으로 펴내고자 하는 아이디어나 원고가 있는
분께서는 책의 간단한 개요와 차례, 구성과 지은이/옮긴이 약력 등을 메일(submit@jpub.kr)로 보내주세요.

쟌느의 SNS 마케팅을 위한 포토샵 디자인

쟌느(이하나) 지음

SNS X PHOTOSHOP DESIGN

Ps

Jpub
제이펍

 **드리는 말씀**

PART Ⅱ 믿고 따라 하는 쫜느의 SNS 콘텐츠 만들기

CHAPTER 04 　마케팅의 기본, 웹 홍보용 콘텐츠 • 241

APPENDIX 　알아 두면 유용한 포토샵 활용 Tip • 278

독자 지원 페이지 및 예제 파일

독자 여러분의 원활한 실습 진행을 위해 책에 사용한 거의 모든 예제 파일과 완성 파일을 제공합니다. 독자 지원 페이지(http://bit.ly/snsphotoshop)에 방문하신 후 [예제 파일.zip]을 클릭하여 다운로드한 후 압축을 풀고 사용하세요. 자세한 내용은 293쪽을 참고하세요.

안녕하세요? 크리에이터 좐느입니다. 저는 순수미술을 전공했지만, 영화·영상·그래픽의 매력에 빠져 방학 때마다 학교 도서관에서 포토샵, 일러스트, 프리미어 책을 빌려 와 혼자 공부하곤 했습니다. 그렇게 독학으로 프로덕션과 방송국에서 경력을 쌓으면서 만족하던 삶을 살던 중 어느 시점부터 제 자신이 정체되어 있다는 생각이 들었어요. 회사에서 주어지는 일만이 아닌 나만이 할 수 있는 일, 좀 더 의미 있는 일을 하고 싶어졌달까요? 그렇게 시작하게 된 게 [크리에이터 좐느] 유튜브 채널입니다.

유튜브 채널에서 포토샵 기초 강의를 시작으로 제가 알고 있는 지식과 노하우를 하나씩 영상으로 공유하다 보니 집필 제안을 받게 되었습니다. 처음에는 망설였지만 전공자가 아닌, 누구나 원하는 디자인을 직접, 뚝딱 만들 수 있도록 도와주는 그런 포토샵 책이라는 콘셉트를 듣고 집필을 결심하게 되었습니다.

포토샵은 디자이너, 포토그래퍼 등 전문가들이 주로 사용하던 프로그램이었지만, 지금은 워드나 PPT 프로그램처럼 대중화되었습니다. 그래서 이 책이 더욱 필요할 거라 생각됩니다. 이 책은 전문가들이 아닌 포토샵을 처음 사용하는 분들이나, 평생 디자인과는 무관할 줄 알았지만 어쩌다 보니 직접 디자인까지 하게 된 분들을 위한 책입니다. 저처럼 블로그나 유튜브 등 SNS를 운영하면서 좀 더 보기 좋게 꾸미고 싶은 분, SNS 마케팅에 필요한 카드뉴스와 같은 디자인 콘텐츠를 직접 제작해야 하는 마케터 혹은 쇼핑몰 운영자 여러분께 적극 추천합니다.

바쁜 일상에서 '포토샵', '디자인'을 다시 공부해야 한다는 생각에 막막할지도 모릅니다. 하지만 걱정하지 마세요. 백과사전처럼 모든 기능을 담기보다 꼭 필요한 기능 위주로 설명하였고, 나머지 기능은 직접 원하는 SNS 콘텐츠를 따라 하면서 익힐 수 있습니다.

포토샵은 자유도가 높은 프로그램입니다. 간단한 사진 자르기부터 보정, 합성, 디자인까지 어떤 목적으로 사용하느냐에 따라 무궁무진한 능력을 발휘합니다. 이 책을 통해 독자 여러분께서 포토샵이나 디자인에 대한 거부감을 없애고, 재미있는 놀이처럼 생각할 수 있는 계기가 되길 바랍니다. 나아가 실질적으로 여러분의 목적에 도움이 되는 그런 책이 되길 기대합니다.

이 책을 함께 만들어 주신 제이펍 출판사 송찬수 님과 직원분들, 작업실 망원소굴의 신소희와 길고양이 손님들, 그리고 저의 무한 지지자인 봉순 씨와 현석 님에게 감사 인사를 전합니다.

2020년 4월 망원소굴에서
크리에이터 좐느

이 책은 '디자인'도 '포토샵'도 먼 나라 이야기라고 생각했던 여러분도 볼 수 있는 그런 책입니다. 기본기부터 차근차근 다지는 것이 좋지만, 시간이 없다면 딱 필요한 콘텐츠만 찾아서 따라 해도 충분히 완성할 수 있습니다. 이 책이 어떻게 구성되어 있는지, 어떻게 학습하면 좋은지 알아보겠습니다.

PART 1. 기초부터 탄탄하게, 기본기 다지기

PART 1에서는 제목 그대로 기본기를 다질 수 있습니다. 디자인을 하기 위한 최소한의 정보인 유용한 웹사이트, 레이아웃, 색상 활용, 글꼴 사용 요령 등을 시작으로 포토샵 입문자를 위한 패널 정보, 저장하기, 불러오기 방법을 알려 줍니다. 이어서 선택 영역 지정, 이미지 보정 등 포토샵 디자인을 위한 간단한 실습을 진행해 봅니다.

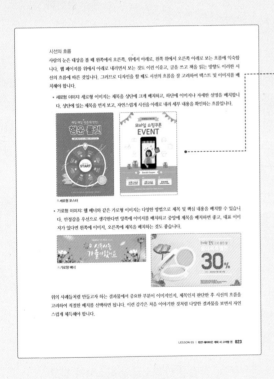

풍부한 사례

레이아웃, 색상 등 디자인 기본기를 설명할 때도 지루하지 않게 풍부한 사례 이미지를 보면서 이해도를 높일 수 있습니다.

1분 실습

포토샵 기본기는 SNS 콘텐츠 만들기의 연습을 겸하여 1분 안에 끝낼 수 있는 간단 실습으로 구성하였습니다. 궁금한 기능을 찾아 빠르게 실습해 보세요.

PART 2. 믿고 따라 하는 쫜느의 SNS 콘텐츠 만들기

PART 2는 이 책의 핵심 콘텐츠입니다. 페이스북, 인스타그램에서 자주 사용하는 카드뉴스 만들기부터 유튜브 운영을 위한 섬네일, 채널 아트 만들기, 여전히 SNS 마케팅에서 빛을 발하는 네이버 블로그 꾸미기, 마지막으로 웹 홍보를 위한 배너, 상세페이지 만들기까지 거의 모든 SNS 콘텐츠를 직접 만들어 볼 수 있습니다.

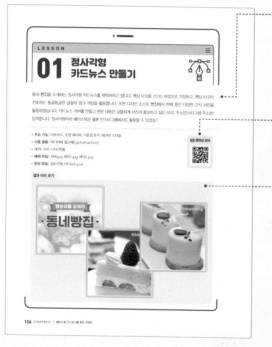

실습 기본 정보

실습에 필요한 예제 파일부터 완성 파일, 해당 콘텐츠를 만들 때 주로 사용하는 기능, 글꼴, 크기 등 실습에 필요한 기본 정보를 알 수 있습니다.

동영상 QR 코드

QR 코드를 찍어 저자의 동영상 강의를 시청할 수 있습니다.

완성 결과

결과 미리 보기 화면으로 어떤 콘텐츠를 완성할지 미리 확인할 수 있습니다.

친절한 실습

자세한 설명과 지시선으로 누구나 쉽게 따라 할 수 있습니다.

TIP

실습 중 실수하기 쉬운 작업이나, 무심코 넘길 수 있는 것들을 꼼꼼하게 TIP으로 정리했습니다.

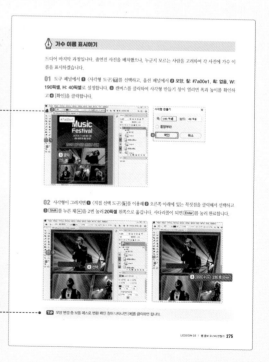

실습을 위한 예제 파일 및 완성 결과는 http://bit.ly/snsphotoshop에서 다운로드할 수 있습니다. 해당 페이지는 [Notion]으로 제작한 페이지로, 크롬 브라우저 사용을 권장합니다.

페이스북, 인스타그램 홍보 콘텐츠

⌃ 정사각형 카드뉴스 `124쪽`

⌃ 세로형 카드뉴스 `139쪽`

⌃ 페이스북 커버&프로필 `155쪽`

유튜브 운영을 위한 디자인

⌃ 유튜브 채널 아트 `171쪽`   ⌃ 유튜브 섬네일 `180쪽`

⌃ 유튜브 최종 화면 186쪽

블로그 운영을 위한 디자인

⌃ 홈페이지형 블로그 199쪽

⌃ 정사각형 섬네일 217쪽

⌃ 원형 섬네일 224쪽

⌃ 블로그 위젯 230쪽

웹 홍보 콘텐츠 만들기

⌃ 상세페이지 242쪽

⌃ 홍보 포스터 261쪽

⌃ 이벤트 배너 250쪽

포토샵 설치하기

실습을 진행하려면 포토샵이 설치되어 있어야 합니다. 이 책은 포토샵 CC 2019와 포토샵 2020 한글 버전을 혼용해서 사용했습니다. 그러므로 CC 2019 이상 버전을 설치하세요. 여기서는 포토샵 최신 버전의 설치 방법을 소개합니다.

01 어도비 홈페이지(www.adobe.com /kr)에 접속한 후 [도움말 및 지원]−[다운로드 및 설치]를 선택합니다.

02 다운로드 목록에서 Photoshop을 찾아 [무료 체험판]을 클릭합니다.

03 7일간 무료 체험 기간 안내를 확인하고, 사용 목적과 플랜 종류, 구독 유형 등을 선택한 후 [계속] 버튼을 눌러 다음 단계까지 이어서 진행합니다.

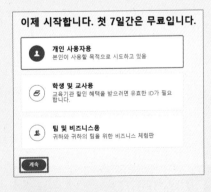

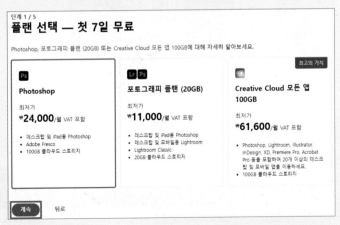

04 이메일 입력 및 개인 정보 사용 약관 등을 읽고 동의(체크)한 후 [계속]을 클릭합니다.

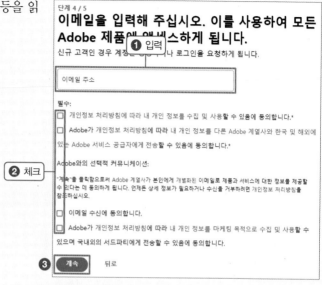

TIP 포토샵 플랜 해지하기

유료로 결제하지 않을 계획이라면 7일간의 무료 사용이 끝나기 전에 플랜을 취소해야 합니다. 먼저 https://account.adobe.com/에 접속한 후 로그인합니다. 내 플랜에서 [플랜 관리]를 클릭한 후 플랜 정보에서 [플랜 취소]를 클릭하세요. 이유를 선택한 후 플랜을 취소할 수 있습니다.

05 이어서 신용카드 정보를 입력하고 [무료 체험 기간 시작]을 클릭합니다. 7일은 무료 사용 기간으로 결제가 진행되지 않으니 걱정하지 말고 정보를 입력해도 됩니다. 단, 추가 결제를 하지 않으려면 7일 이내에 플랜 취소를 신청해야 합니다. 마지막으로, 주문 정보를 확인한 후 [시작하기]를 클릭하면 설치 과정을 거쳐 포토샵이 실행됩니다.

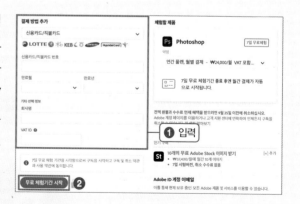

PART I

기초부터 탄탄하게,
기본기 다지기

CHAPTER 01

포토샵보다
디자인 기본기가 먼저

포토샵에는 수많은 기능이 포함되어 있지만,
SNS 마케팅을 위한 디자인 작업에서 사용하는 기능은 극히 일부이며,
그런 기능들은 실습을 따라 하면서 충분히 익힐 수 있습니다.
문제는 디자인을 위한 기본기입니다.
어떻게 해야 디자인 감각을 키우고, 디자인 지식을 향상시킬 수 있을까요?
의외로 간단합니다. 주변의 아름다운 것을 많이 보는 것부터 시작하세요.
꾸준히 보는 연습을 하다 보면 눈에 띄는 구성, 디자인, 글꼴 등의
규칙이 보이기 시작할 것입니다.
보는 연습은 여러분이 직접 행동해야 하는 것이므로,
여기서는 실습 전 알아 두면 좋은 디자인 기본기와
특별히 신경 써야 하는 부분 등에 대해 살펴보겠습니다.

01 디자인 아이디어를 얻을 수 있는 웹사이트

좋은 이미지를 많이 보면 디자인 감각을 키우는 데 도움이 됩니다. 예를 들어 카드뉴스를 제작한다면 다른 사람이 제작한 카드뉴스는 기본이고, 영화 포스터, 혹은 순수미술 작품을 보면서 아이디어를 얻을 수 있습니다. 단, 다른 사람이 작업한 결과는 참고하는 것일 뿐 그대로 베끼라는 말은 아니니 오해가 없길 바랍니다. 내 디자인을 완성할 때는 아이디어를 활용하되 상황에 맞게 스타일을 발전시키는 작업을 게을리해서는 안 됩니다. 우선 디자인에 아이디어를 얻을 수 있는 웹사이트 몇 곳을 알아 두세요.

Behance: 전 세계 아티스트의 포트폴리오

전 세계 아티스트의 포트폴리오가 모여 있는 웹사이트인 Behance(https://www.behance.net/)에서는 카테고리별 원하는 작품을 손쉽게 찾아 볼 수 있습니다. 매일 수많은 포트폴리오가 업로드되며, 회원으로 가입한 후 마음에 드는 디자이너를 팔로워하면 새로운 소식을 구독할 수 있습니다. 또한 자신이 작업한 결과를 업로드할 수도 있습니다. Behance에 디자인을 업로드하여 애플에 취업한 사례도 유명하지요. 이렇듯 Behance를 잘 활용하면 세계 여러 나라 아티스트의 포트폴리오를 보면서 새로운 영감이나 트렌드를 파악하면서, 자신을 세계로 알릴 수 있는 홍보 수단으로 이용할 수도 있습니다. 종종 방문해 보길 추천합니다.

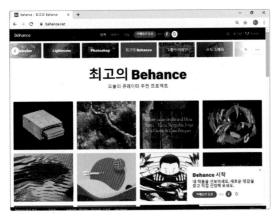

⌃ Behance(https://www.behance.net/)

Cargo: 포트폴리오 반응형 웹사이트

Cargo 역시 Behace와 유사하게 전 세계 디자이너의 포트폴리오를 확인할 수 있습니다. 하지만 웹사이트의 목적이 다릅니다. Cargo(https://cargo.site/)는 웹디자이너들의 포트폴리오를 반응형 웹사이트로 만들어 주는 곳입니다. 다양한 형식의 템플릿이 있고, 일정 비용을 지불하면 독특한 홈페이지를 제작할 수 있습니다. 이곳에서 템플릿 샘플로 나오는 해외 디자이너들의 포트폴리오를 보면 톡톡 튀는 아이디어를 얻을 수 있습니다. 그저 보는 것만으로도 쏠쏠한 재미를 느낄 수 있으니 한 번씩 방문해 보세요.

⌃ Cargo(https://cargo.site/)

Pinterest: 아이디어 저장소

Pinterest(https://www.pinterest.co.kr)는 디자인에 참고할 수 있는 이미지뿐만 아니라 인테리어, 의상 디자인 등 다양한 분야의 아이디어를 접할 수 있으며, 한글, 영문 검색 기능으로 원하는 자료를 손쉽게 찾을 수 있습니다. 로그인이 필요한 서비스이며, 구글이나 페이스북 계정이 있다면 간단한 절차를 거쳐 바로 로그인할 수 있습니다. 여러 이미지를 보면서 좋아하는 이미지를 카테고리에 따라 모아 놓고 디자인 작업 시 참고할 수 있고, 스마트폰 앱도 있으므로 수시로 방문해서 활용해 보세요.

⌃ Pinterest(https://www.pinterest.co.kr)

02 디자인이 쉬워지는 이미지 소스

포토샵으로 디자인하면서 모든 작업 이미지를 직접 촬영하거나 만든다면 그만큼 작업 시간이 길어지겠죠? 실무에서는 빠른 작업 시간도 고려해야 하므로, 작업 시간을 단축하면서 완성도 높은 결과를 위해 쉽게 구할 수 있는 다양한 무료/유료 디자인 소스를 활용하는 것이 좋습니다. 단, 사용할 이미지 소스가 상업적으로 이용할 수 있는지 등 저작권을 반드시 확인해야 합니다.

Unsplash: 전 세계 사진 작가의 작품을 한 자리에!

전 세계 사진 작가의 사진을 모아 놓은 웹사이트로 사진 품질이 우수합니다. 영문으로 검색해야 원하는 결과를 찾을 수 있으며, Unsplash와 유사한 웹사이트를 만들어 배포하는 것을 제외하고는 대부분 저작권 걱정 없이 상업적으로 사용할 수 있습니다. 사진 활용 시 작가 정보를 명시하도록 권장하고 있으나 필수 조건은 아닙니다.

△ unsplash(https://unsplash.com/)

Pixabay: 이미지뿐만 아니라 동영상 소스까지!

다양한 이미지와 동영상을 무료로 다운로드할 수 있는 웹사이트이며, 가장 널리 알려진 이미지 소스 웹사이트입니다. 단, 무료로 사용할 수 있는 자료의 종류나 품질이 제한적입니다.

⌃ Pixabay(https://pixabay.com/ko/)

다양한 유료 이미지 소스

무료로 자료를 구하는 데는 한계가 있습니다. 그 목적이 상업성을 띤다면 더욱 제한적입니다. 그러므로 다음과 같은 웹사이트에서 컷당 혹은 정액제로 비용을 지불하고 사용한다면 좀 더 다양하고 우수한 품질의 디자인 소스를 구할 수 있습니다.

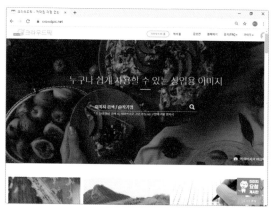

⌃ 크라우드픽(https://www.crowdpic.net/)

⌃ Shutterstock(https://www.shutterstock.com/ko/)

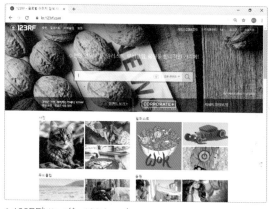

⌃ 123RF(https://kr.123rf.com)

⌃ 게티이미지뱅크(https://www.gettyimagesbank.com/)

LESSON

03 화면 레이아웃 계획 시 고려할 점

정확한 작업 사양 확인의 필요성

이미지를 제작할 때 무작정 프로그램부터 실행하는 것이 아닙니다. 표시될 화면의 비율, 정확한 작업 크기 등을 파악한 후 디자인 요소들을 어떻게 배치할지 구상하는 작업이 선행되어야 합니다. 예를 들어 포스터를 만들어야 해서 일반적인 가로로 긴 형태를 제작했는데, 알고 보니 세로로 긴 포스터가 필요했다면? 단순히 가로, 세로 크기를 바꾼다고 해결되는 문제가 아닙니다. 디자인 요소의 배치를 바꿔야 하는 제법 어려운 작업입니다. 심할 때는 처음부터 다시 시작하는 것이 나을 수도 있을 정도로요. 아래 사례에서 볼 수 있듯 분명 같은 내용, 같은 디자인 소스들을 활용했지만 이미지 크기나 비율에 따라 많은 부분 차이가 있다는 걸 알 수 있습니다.

︿ 화면 비율에 따른 디자인의 변화

시선의 흐름

사람의 눈은 대상을 볼 때 왼쪽에서 오른쪽, 위에서 아래로, 왼쪽 위에서 오른쪽 아래로 보는 흐름에 익숙합니다. 웹 페이지를 위에서 아래로 내리면서 보는 것도 이런 이유고, 글을 쓰고 책을 읽는 방향도 이러한 시선의 흐름에 따른 것입니다. 그러므로 디자인을 할 때도 시선의 흐름을 잘 고려하여 텍스트 및 이미지를 배치해야 합니다.

- **세로형 이미지**: 세로형 이미지는 제목을 상단에 크게 배치하고, 하단에 이미지나 자세한 설명을 배치합니다. 상단에 있는 제목을 먼저 보고, 자연스럽게 시선을 아래로 내려 세부 내용을 확인하는 흐름입니다.

︽ 세로형 포스터

- **가로형 이미지**: 웹 배너와 같은 가로형 이미지는 다양한 방법으로 제목 및 핵심 내용을 배치할 수 있습니다. 안정감을 우선으로 생각한다면 양쪽에 이미지를 배치하고 중앙에 제목을 배치하면 좋고, 대표 이미지가 있다면 왼쪽에 이미지, 오른쪽에 제목을 배치하는 것도 좋습니다.

︽ 가로형 배너

위의 사례들처럼 만들고자 하는 결과물에서 중요한 부분이 이미지인지, 제목인지 판단한 후 시선의 흐름을 고려하여 적절한 배치를 선택하면 됩니다. 이런 감각은 처음 이야기한 것처럼 다양한 결과물을 보면서 자연스럽게 체득해야 합니다.

LESSON

04 수많은 색상, 어떻게 쓰면 좋을까?

 색상의 의미, 느낌 파악하기

색상마다 내포하고 있는 의미나 분위기가 다르고, 같은 색이라도 표현하는 방식과 상황에 따라 다른 의미로 사용되기도 합니다. 예를 들어 빨간색은 흔히 사랑, 열정의 의미로 사용하지만 위험한 상황, 불, 분노 등의 표현에 사용하기도 합니다. 또한 같은 색이라도 진하고 옅은 정도에 따라 느껴지는 감정이나 사용되는 상황이 다릅니다. 여기서는 가장 일반적으로 색상이 가지는 긍정적 의미와 부정적 의미를 확인하고 넘어가세요.

색상 차트	색상	긍정적 의미	부정적 의미
	빨간색 Red	사랑, 열정, 에너지, 힘, 혁명	위험한, 주의, 화남
	주황색 Orange	성공, 즐거움, 용기, 신뢰, 친절한, 속도, 노을	성급한, 과도한, 무지한
	노란색 Yellow	밝음, 힘, 행복, 젊음, 친근한, 긍정적인	불안정한, 무책임한, 주의
	녹색 Green	자연, 치유, 돈, 성장, 비옥함, 신선한	부러움, 질투, 죄책감
	파란색 Blue	남성성의, 신뢰, 진실, 총명한, 안심	차가움, 공포, 우울감
	보라색 Purple	창의적인, 강한, 왕족의, 부유한, 귀족적인	오만한, 사치, 낭비
	핑크색 Pink	건강한, 행복, 여성성의, 연민, 달콤함, 장난기 있는	약한, 미숙한, 미스터리
	회색 Gray	단단한, 보안, 유행을 타지 않는	우울한, 슬픈, 보수적인, 칙칙한
	갈색 Brown	흙, 맛있는, 부유한, 따뜻한, 건강에 좋은, 자연, 전원	단조로운, 독단적인, 보수적인, 지루함, 답답함

	베이지 Beige	신뢰, 신축성 있는, 유연한, 보수적인	재미없는, 따분한, 보수적인
	검은색 Black	힘, 부유한, 세련된, 우월한, 용감한, 우아한,	죽음, 밤, 심각한, 무관심
	흰색 White	안전한, 신선한, 깨끗한, 영적인, 믿음, 청순, 청렴	고독, 외로운, 추운 느낌
	금색 Gold	부유한, 번영, 귀중한, 가치 있는, 전통의	오만한, 사치스러운, 이기적인
	은색 Silver	매력 있는, 윤기 나는, 우아한, 첨단기술의	감정이 없는, 차가운,

위와 같이 색상이 가지는 기본적인 의미에 더해 유행에 따라 그 의미가 또 달라지기도 합니다. 그래서 디자인을 할 때는 트렌드를 꾸준하게 파악해야 하는 것입니다.

TIP **계절을 표현할 때 사용하는 색상**

색상이 가지는 의미에 따라 적절한 배색을 활용해야 하지만, 모든 색상의 의미를 파악하고 사용하기 어렵습니다. 그러므로 대표적으로 활용할 수 있는 계절별 적절한 색상을 정리해 보았습니다.

- **봄:** 꽃, 새싹을 떠올릴 수 있는 노란색, 초록색 및 파스텔 계열, 꽃 패턴
- **여름:** 더운 여름을 극복할 수 있는 시원한 색인 파란색, 하늘색, 초록색
- **가을:** 단풍, 곡식, 추석이 연상되는 빨간색, 갈색, 노란색, 주황색
- **겨울:** 차분하고 다소 어두운 계열이나 모노톤 흰색, 회색 검은색, 남색
- **크리스마스:** 빨강, 초록, 금색 등

 색상 / 명도 / 채도 / 보색 알고가기

색상, 명도, 채도, 보색? 초중고 미술 시절 한 번쯤은 들어본 단어입니다. 그만큼 디자인을 위한 가장 기초적인 정보라고 생각하면 됩니다. 기억을 떠올릴 수 있도록 간단히 살펴보고 넘어가세요.

- **색상:** 빨강, 주황, 노랑, 파랑 등 색이 서로 구별되는 특성을 말합니다. 앞서 색상별 의미와 느낌을 표현할 때 구분한 그 색상과 같은 의미로 파악하면 됩니다. 먼셀의 20색상환이 대표적인 20개의 색상을 배치한 것입니다.

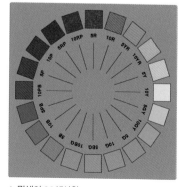

⌃ 먼셀의 20색상환

앞으로 디자인 실습을 하면서 색을 표현할 때 다음과 같이 #과 빨강, 초록, 파랑에 해당하는 십육진수를 연속으로 붙여 표현합니다.

기호	Red 채널	Green 채널	Blue 채널
#	00 ~ FF	00 ~ FF	00 ~ FF

표현 예시	색상
#000000	
#ff0000	
#00ff00	
#0000ff	
#ffffff	

포토샵에서 색상 피커 창을 열면 오른쪽 하단에 #을 이용한 색상 값을 입력할 수 있고, HSB, RGB, Lab, CMYK 등의 표현 방법을 선택하여 값을 설정할 수도 있습니다. 우리가 주로 다룰 SNS 마케팅 디자인은 웹에서 사용할 결과물이므로 #을 이용한 색상 값 입력 방법을 주로 사용하면 됩니다. 참고로 모든 색상 값을 외워서 사용할 필요는 없습니다. 대표적인 흰색(#ffffff)과 검정(#000000)만 알고, 나머지는 포토샵의 스포이드 기능으로 원하는 색상을 찍어 활용하면 됩니다.

△ 포토샵의 색상 피커 창

색상 값 입력

- **명도**: 색의 밝고 어두운 정도를 말합니다. 흰색에 가까울수록 명도가 높다고 표현하고, 검정에 가까울수록 명도가 낮다고 표현합니다. 명도의 높고 낮음은 상대적인 개념입니다.

← 명도 높음 　　　　　　　　　　　　　　명도 낮음 →

흰색 　　　　　　　　　　　　　　　　　　　　　검정

예를 들어 아래와 같이 흑백 이미지 위에 텍스트를 입력했으며 A는 흰색, B는 회색 텍스트입니다. 여기에서 텍스트를 더욱 선명하게 표현하기 위해 명도 차를 높일 수 있습니다. A에서는 배경을 한 톤 어둡게 해서 명도를 낮추고, B에서는 배경을 한 톤 밝게 해 명도를 높였습니다. 그 결과가 A-1과 B-1입니다. 이처럼 강조할 내용을 더욱 잘 표현하기 위해 배경과의 명도 차이를 고려하면 됩니다. 이 과정은 이후 다양한 SNS 콘텐츠 디자인을 실습하면서 직접 확인할 수 있습니다.

⌃ A

⌃ B

⌃ A-1

⌃ B-1

- **채도**: 색의 진하고 엷음을 나타내는 표현으로 원색에 가까운 색을 채도가 높다고 표현하고, 흰색이나 검정(무채색) 물감을 계속 섞어 흰색이나 검정에 가까워지면 채도가 낮다고 표현합니다.

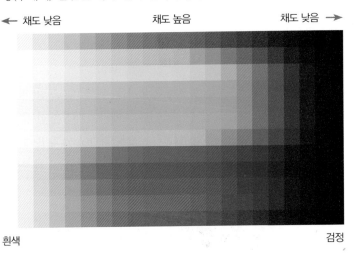

채도가 높으면 발랄하고 화려한 느낌이며, 주목성도 좋아집니다. 하지만 눈에 띄려는 목적으로 채도가 높은 색을 과하게 사용하면 오히려 주목도는 낮아지면서, 난해하고 핵심이 없는 이미지가 될 수 있으므로 주의해야 합니다.

⌃ 채도가 높고 다양한 색상이 섞여 화려하지만 다소 혼란스러운 느낌의 이미지

채도가 낮고 명도가 높은 흔히 파스텔 톤이라고 부르는 색상을 주로 사용하면 부드럽고 따뜻한 느낌을 전달할 수 있습니다. 그러므로 이미지를 제작하기 전에 분위기에 맞춰 전체적으로 채도가 높은 색상을 사용할지 낮은 색상을 사용할지 혹은 무채색으로만 제작할지 결정해야 합니다. 다음 예시 이미지들을 참고하여 여러분이 작업할 디자인의 색상을 미리 고민해 보세요.

⌃ 채도가 높은 색상을 사용한 이벤트 이미지

⌃ 채도는 낮고 명도는 높은 밝고 화사한 느낌의 건물
⌃ 흰색과 명도가 높은 오렌지 계열을 사용, 상대적으로 채도를 높인 리본과 꽃잎은 포인트
⌃ 채도는 낮고, 명도는 높은 회색을 사용한 겨울 느낌 포스터, 명도 차이를 이용해 공간감 표현

- **보색**: 색상환에서 서로 대응하는 위치의 색, 즉 서로 마주 보고 있는 두 색을 보색이라 합니다. 어릴 적 20색생환과 함께 보색 조합을 외웠던 기억이 떠오르나요? 남노, 파주, 보연, 이런 식으로 말이죠. 보색을 이용하면 두 색상의 대비가 강해 눈에 띄는 결과를 얻을 수 있습니다. 꼭 서로 마주 보는 보색 조합이 아닌, 보색에 인접한 색 조합을 활용해도 유사한 효과를 얻을 수 있습니다. 보색 대비가 잘 표현된 이미지와 디자인 결과들을 살펴보면서 보색 활용의 장점을 파악해 보세요.

⌃ 빨/초
⌃ 보/연
⌃ 남/노

⌃ 파/주

⌃ 빨/초

⌃ 파/주

⌃ 남/노

메인 색상과 서브 색상 계획하기

디자인에 익숙하지 않을 때 대표적으로 잦은 실수가 바로 색상 사용입니다. 디자인을 하기 전에 사용할 색상의 개수를 정하거나 정확하게 사용할 색상을 지정해야 하는데, 마음에 드는 색을 무분별하게 활용하거나, 한 가지 색을 사용할 때 동일한 색이 아닌 눈대중으로 유사한 색을 선택해서 사용하곤 합니다. 이렇게 색상 규칙을 정하지 않고 작업한 결과물은 사용된 색상이 많아져 어딘지 어수선해 보일 가능성이 높습니다.

색상 계획은 먼저 전체적인 분위기를 좌우할 메인 색상을 정하고, 보조적인 역할을 할 서브 색상을 정하는 작업입니다. 배경 등에 사용하여 전체적인 분위기를 결정할 메인 색상을 정했다면 유사색이나 보색을 서브 색상으로 정하고, 여기에 조미료처럼 조금씩 첨가해서 사용하는 포인트 색상을 추가하면 됩니다.

> **TIP** 흰색과 검은색은 무채색으로 어떤 색상에도 어울립니다. 그러므로 주요 이미지가 흰색이나 검은색이 아니라면 텍스트 입력, 꾸밈, 강조 등에 사용하기 적합합니다.

색상 선택이 어려울 때

색상 선택이 어렵다면 하나의 색상을 정하고 동일한 색상 계열에서 명도와 채도 차이를 이용한 색 조합을 활용하거나, 색상환에서 인접한 색상을 활용하면 됩니다. 다음 몇 가지 사례를 살펴보세요.

아래 사례는 흰색과 핑크색 계열을 사용해 만든 이벤트 이미지입니다. 이미지에서 가장 잘 보여야 할 '혜택'에 가장 진한 핑크색을 포인트로 사용해 우선으로 눈에 띄게 만들었으며, 왼쪽에서 두 번째와 세 번째 색을 메인 색상(배경), 마지막으로 무채색인 흰색을 서브 색상으로 활용했습니다.

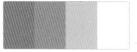

이번에는 전체적으로 푸른 계열을 이용한 이미지이며, 색을 하나 더 추가해서 다채로운 느낌을 강화했습니다. 왼쪽에서 네 번째 색상인 하늘색을 메인 색상으로, 메인 색상 왼쪽에 있는 3개의 색상을 서브 색상으로 계획했으며, 레몬색을 포인트 색상으로 추가하여 아이스크림 손잡이를 표현했습니다.

마지막 사례는 색상환에서 서로 인접해 있는 색상을 사용한 결과입니다. 다양한 색상을 사용한 것처럼 보이지만 인접한 색상을 활용하였기 때문에 전체적으로 자연스럽게 어울립니다. 노란색이 메인 색상이며, 왼쪽 첫 번째 자몽색이 포인트 색상입니다. 포인트 색상과 메인 색상 사이에 있는 2개의 색상이 서브 색상입니다.

✒ 색상 선택이 어려울 때 웹사이트 활용하기

유사색도, 보색도 도통 모르겠다 싶으면 인터넷의 힘을 빌리면 됩니다. 여기서는 다양한 색상 조합을 추천해 주는 웹사이트를 소개할게요.

- Uigradients: 그레이디언트 샘플을 제공하는 웹사이트입니다. 상단에 있는 색상 섬네일을 클릭하면 계열별 그레이디언트 샘플을 확인할 수 있고, 섬네일을 클릭한 후 다음 화면 상단에서 색상 값을 클릭하면 값을 복사할 수 있습니다. 색상 값을 복사한 후에는 포토샵의 색상 피커 창 등에서 활용할 수 있습니다.

≪ Uigradients(https://uigradients.com/)

- Adobe Color: 어도비사에서 제공하는 웹
  사이트입니다. [탐색] 메뉴에서 키워드를
  입력해 이미지에 사용된 색상 조합을 확인
  할 수 있고, [트렌드] 메뉴에서 패션, 그래
  픽디자인, 일러스트레이션 등 업계의 최신
  색상 동향을 확인할 수 있습니다.

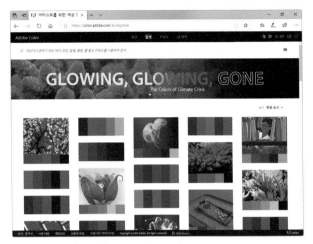

⌃ Adobe Color(https://color.adobe.com)

- Color Hunt: 4가지 색 조합 샘플을 볼 수
  있는 웹사이트로, 검색 창에서 색상 계열
  별, 키워드별 검색으로 추천 색 조합 및 색
  상 값을 확인할 수 있습니다.

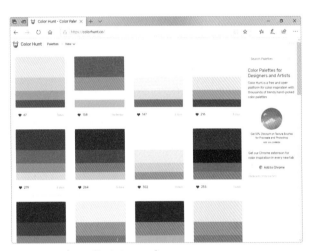

⌃ Color Hunt(https://colorhunt.co/)

- Color Hex: 색상의 채도 단계표, 비슷한
  색상, 보색, 선택한 색상과 어울리는 추천
  색상 팔레트 등을 제공하기 때문에 메인
  색상을 정한 후 나머지 색상을 선택할 때
  활용하면 편리합니다.

⌃ Color Hex(https://www.color-hex.com/)

RGB / CMYK 개념 알기

색을 표현하는 방식은 모니터로 볼 것인지(RGB), 실제 종이나 원단 등에 출력할지(CMYK)에 따라 다릅니다. 이런 표현 방식을 생각하지 않고 작업한 후 마지막에 색상 표현 방식을 변경하면 처음 작업했던 느낌이 바뀔 수 있습니다. 그러므로 처음부터 어떤 작업인지에 따라 표현 방식을 설정하고 작업하는 것이 오차를 줄이는 방법입니다. 단, 색상 표현 방식에 맞춰 작업했더라도, 보는 사람의 모니터나 출력할 프린터의 종류 등에 따라 조금씩은 차이가 있기 마련입니다.

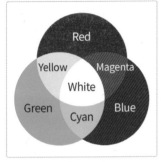

≪ RGB(가산혼합)　　　　≪ CMYK(색료혼합)

- **RGB:** RGB는 빛의 3원색으로 색을 표현하는 방식입니다. R(Red), G(Green), B(Blue) 3가지 색상의 빛을 모두 더하면 흰색이 되므로 가산혼합이라 부릅니다. 우리가 인터넷에서 확인하는 모든 색이 RGB 조합이라고 생각하면 간단합니다.

- **CMYK:** 물감을 섞는 방식으로, 잉크젯 프린터를 생각하면 됩니다. C(Cyan), M(Magenta), Y(Yellow) 3가지 잉크를 모두 섞으면 검정이 되는 방식으로, 색료혼합, 감산혼합이라고도 부릅니다. 이때 3가지 잉크를 모두 섞더라도 완벽한 검정이 표현되지 않으므로 K(Black)를 추가해 CMYK라고 합니다.

LESSON
05 텍스트 활용도 디자인이다

가독성

이미지에서 텍스트를 배치할 때 중요하게 고려해야 할 요소 중 하나는 가독성으로, 결과물의 크기에 따라 글꼴 크기를 조절해야 합니다. 너무 크게 배치해서 한눈에 읽히지 않아도 문제고, 커다란 현수막 디자인에서 깨알 같이 작은 크기로 입력해도 문제입니다. 즉, 작업 결과물을 보는 사람이 전달하려는 내용을 제대로 파악할 수 있는지를 고려해야 합니다. 다음과 같은 예시를 보면서 가독성의 개념을 파악해 보세요.

- **글꼴이 두꺼울 때**: 눈에 띄어 제목에 사용하면 적합하지만 본문에 사용하면 가독성이 떨어집니다.

문자의 가독성

- **글꼴이 너무 얇을 때**: 세련된 느낌을 표현할 수는 있지만, 시선을 사로잡는 주목성이 떨어집니다. 두꺼운 글꼴과 함께 사용해서 포인트 요소로 활용하기에는 좋습니다.

문자의 가독성

- **손글씨 느낌**: 손글씨 느낌은 아기자기한 표현에는 좋으나, 본문으로 사용하기에는 가독성이 떨어지고, 읽는 이가 쉽게 피로감을 느낄 수 있습니다.

문자의 가독성

- **배경과 텍스트의 명도 차이가 적을 때:** 배경에 사용된 색과 텍스트 색의 명도 차이가 적을수록 아래와 같이 가독성이 떨어집니다. 배경과 텍스트는 명도와 채도 차를 명확하게 구분할수록 가독성이 좋아져서 또렷하게 보입니다.

- **배경이 복잡할 때:** 배경에 다양한 색을 사용했다면 텍스트 가독성이 떨어질 수 있습니다. 이럴 때는 단순한 배경의 텍스트 입력 영역을 별도로 배치하거나 텍스트에 그림자, 획 등을 추가하는 방법으로 가독성을 높여야 합니다.

가독성을 결정짓는 자간과 행간

자간

자간은 글자와 글자 사이의 간격으로, 포토샵에서는 ▨ 아이콘이 자간을 의미합니다. 일반적으로 디자인 작업에서 텍스트를 입력할 때 기본 자간인 0보다 약간 좁게 − 값으로 설정하면 가독성을 높일 수 있습니다. 또한 영문을 입력할 때는 한글보다 좀 더 좁히는 것이 좋습니다. 다음은 자간 설정에 따른 변화입니다.

오늘밤에도 별이 바람에 스치운다	-100
오늘밤에도 별이 바람에 스치운다	-50
오늘밤에도 별이 바람에 스치운다	0
오늘밤에도 별이 바람에 스치운다	50
오늘밤에도 별이 바람에 스치운다	100

⌃ 글꼴: Noto Sans CJK KR (Regular), 크기: 50pt

⌃ 글꼴: 에스코어 드림, 자간: 0

⌃ 자간: −35

행간

행간은 행과 행 사이의 간격으로, 여러 줄로 입력할 때 적절한 행간 값을 설정해야 한 묶음으로 보입니다. 포토샵에서는 🔼 아이콘이 행간을 의미합니다. 이러한 행간도 가독성에 영향을 미치며, 글꼴이나 스타일, 제작 규격 등에 따라 적절한 설정 값을 사용해야 합니다. 다음 사례는 크기가 50pt일 때 행간 값에 따른 결과입니다. 행간을 크기보다 작은 30pt로 설정했더니 행과 행 사이 간격이 너무 좁아 겹치는 부분이 발생하여 내용을 제대로 읽기 어렵습니다. 행간을 크기와 동일한 50pt로 설정했더니 다소 좁게 느껴지나 문단이 한 묶음으로는 인식됩니다. 행간을 80pt로 설정했을 때 가장 적당하고 가독성도 좋습니다. 행간을 100pt로 설정했을 때는 간격이 넓어 가독성도 떨어지고 벙벙해 보입니다.

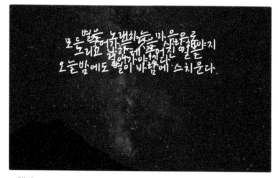
⌃ 행간 30pt

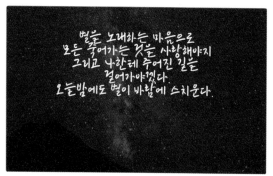
⌃ 행간 50pt

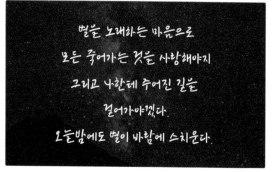
⌃ 행간 80pt

⌃ 행간 100pt

포토샵에서 자간/행간 조정하기

포토샵에서 〈수평 문자 도구〉 T 를 이용해서 텍스트를 입력하면 기본 자간 값은 0, 행간 값은 (자동)으로 설정되어 있습니다. 그러므로 작업 중에 적정한 값으로 🆅🅰 과 🔼 옵션 값을 변경해야 합니다.

자간/행간을 조정할 때 전체 텍스트가 아닌 일부분의 자간이나 행간 값을 변경할 때는 단축키를 이용하면 편리합니다. 먼저 텍스트 입력 상태에서 조정할 부분만 클릭&드래그 하여 선택한 후 Alt 와 방향키를 눌러 자간과 행간을 조정합니다.

Alt+→를 누르면 자간이 넓어지고, Alt+←를 누르면 자간이 좁아집니다.

≫ Alt+← 자간 좁히기　　　　　≫ Alt+→ 자간 넓히기

Alt+↑를 누르면 행간이 좁아지고, Alt+↓를 누르면 행간이 넓어집니다.

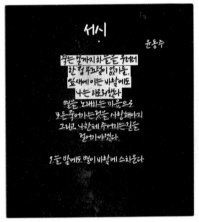 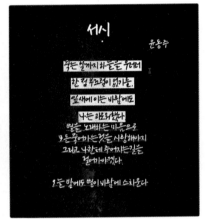

≫ Alt+↑ 행간 좁히기　　　　　≫ Alt+↓ 행간 넓히기

대표적인 글꼴의 분류

우리는 명조체, 고딕체 정도로 글꼴을 분류해서 사용하지만, 일반적으로 산세리프, 세리프, 손글씨/캘리그라피 등으로 분류할 수 있습니다.

- **산세리프(Sans-serif)**: 획의 삐침이 없는 글꼴을 의미하며, 한글의 돋움체(고딕체) 계열입니다. 디자인 시 추천하는 무료 산세리프 글꼴은 '구글 노토 산스'나 '에스코어 드림'입니다. 깔끔한 형태로 모바일이나 모니터에서 가독성이 좋습니다. 두 글꼴 모두 다양한 두께를 제공하고 있으므로, 두께를 변경한 디자인 표현도 가능합니다. 이외에 무료로 사용할 수 있는 '나눔 고딕', '배달의 민족 주아체', '한나체' 등이 있습니다. 모니터나 모바일 등 온라인에서 가독성이 좋으므로, SNS 콘텐츠 디자인에도 적합합니다.

구글 노토 산스　에스코어 드림
구글 노토 산스　에스코어 드림
구글 노토 산스　에스코어 드림
구글 노토 산스　에스코어 드림
구글 노토 산스　에스코어 드림
구글 노토 산스　에스코어 드림
구글 노토 산스　에스코어 드림
　　　　　　　　에스코어 드림
　　　　　　　　에스코어 드림

- **세리프(Serif):** 시작과 끝의 굵기가 다른 글꼴로, 장식적인 삐침이 있는 한글의 명조체 계열입니다. 사용하기 좋은 세리프는 '구글 노토 세리프체'와 '나눔 명조' 등이 있습니다. 예전에는 촌스러움의 대명사이던 '궁서체'도 최근 의도적으로 촌스럽고, 코믹한 콘텐츠를 제작할 때 사용하곤 합니다. 세리프는 서정적이고 감성적인 표현이나 대화를 표현할 때 적합하며, 인쇄물에서 가독성이 뛰어난 편입니다.

구글 노토 세리프　나눔명조
구글 노토 세리프　**나눔명조**
구글 노토 세리프　**나눔명조**
구글 노토 세리프
구글 노토 세리프
구글 노토 세리프
구글 노토 세리프

- **손글씨/캘리그라피:** 손글씨가 포함된 광고나 이미지가 유행하던 시절이 있었으나 현재는 디자인의 한 요소로 자연스럽게 흡수된 느낌입니다. 감성적이고 서정적인 느낌 혹은 친근감을 표현할 때 사용합니다. 직접 붓이나 펜으로 내용을 작성한 후 스캔 등의 방법으로 활용할 수도 있지만, 시간과 노력이 많이 필요합니다. 그러므로 자유롭게 활용할 수 있는 무료 손글씨/캘리그라피 글꼴을 활용하는 것이 좋습니다.

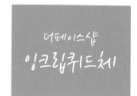
△ 더페이스샵 잉크립퀴드체

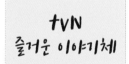
△ tvN 즐거운 이야기

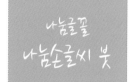
△ 나눔손글씨

△ 미생체

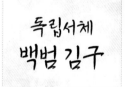
△ 독립서체 한용운 GS　　△ 독립서체 윤봉길 GS　　△ 독립서체 백범 김구 GS

^ 독립서체 안중근 GS   ^ 독립서체 윤동주 별헤는밤 GS   ^ 독립서체 윤동주 서시 GS

- **레트로/귀여운 글꼴**: 배달의 민족에서 무료 글꼴을 배포하면서 레트로 글꼴에 대한 활용도가 높아졌습니다. 고딕/이탤릭 등으로 정의하기 어려운 레트로 글꼴 몇 가지를 소개합니다.

 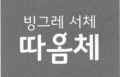 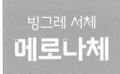

^ 배달의민족 을지로체   ^ 배달의민족 주아체   ^ Swagger스웨거 폰트

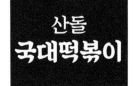  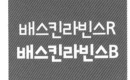

^ 빙그레체   ^ 빙그레체 II   ^ 따옴체   ^ 메로나체

^ 산돌 국대떡볶이체   ^ 티몬 몬소리체   ^ 여기어때 잘난체   ^ 배스킨라빈스R 배스킨라빈스B

- **영문 글꼴**: 영문 글꼴은 한글과 다르게 부드러운 곡선이 많고, 다양한 스타일의 무료 글꼴을 쉽게 구할 수 있으며, 글꼴만 잘 사용하면 같은 디자인이라도 좀 더 멋져 보입니다. 하지만 영어로 내용을 작성하면 모든 사람이 내용을 파악할 수 있는 것이 아니므로, 디자인 요소나 누구나 아는 쉬운 단어 정도로 제한해서 사용하는 것이 좋습니다. 꼭 영문을 사용해야 한다면 한글도 병행해서 표기하는 것을 권장합니다.

⌃ 영문 글꼴 사용 사례

TIP 무료 글꼴 찾기

앞서 소개한 글꼴 이외에도 다양한 글꼴이 있으며 다음과 같은 웹사이트에서 쉽게 찾을 수 있습니다.

• **눈누:** 다양한 한글 글꼴을 모아 소개하는 웹사이트입니다. 고딕, 명조, 손글씨 등 스타일별로 확인할 수 있고, 마음에 드는 글꼴이 있으면 즐겨찾기 설정할 수도 있습니다. 각 글꼴 페이지에서 사용 범위를 확인할 수 있습니다. 눈누에 무료 글꼴이라고 표기되어 있어도 해당 글꼴 배포 업체를 찾아 다시 한 번 사용 범위를 확인하는 것이 좋습니다.

⌃ 눈누(https://noonnu.cc/)

• **Dafont:** 디자이너들에게 유명한 영문 글꼴 모음 웹사이트입니다. 카테고리별로 수많은 글꼴이 있으며, '100% free'로 검색하면 무료 글꼴을 쉽게 찾을 수 있습니다.

⌃ Dafont(https://www.dafont.com)

포털사이트에서 검색해서 찾은 수많은 무료 글꼴 중에는 개인적인 용도로만 사용을 허가하는 경우가 있고, 사용에 제한이 없는 경우도 있습니다. 법적 분쟁의 우려가 있으므로, 반드시 상업용으로 사용할 수 있는 글꼴을 활용하는 것이 좋습니다. 참고로 이 책에서 실습에 사용하는 글꼴은 모두 제한 없이 사용할 수 있는 무료 글꼴입니다.

영화 포스터를 보면 메인 카피에 해당하는 제목을 가장 크게 배치하고, 서브 카피에 해당하는 부제나 감독, 주인공의 이름 등을 작게 입력합니다. 상식일 수도 있지만 중요한 내용은 가장 크게, 나머지 내용은 제목보다 작게 배치한다는 기본 규칙을 기억하면서 아래 사례를 살펴보세요.

사례는 카드뉴스 커버 이미지입니다. 기본 규칙에 따라 메인 카피인 '2020 봄꽃축제 일정'을 가장 크게 배치한 후 서브 카피인 '인생사진 찍으러 가자~'는 작게 배치한 기본 디자인을 완성하였습니다. 여기서 메인 카피와 서브 카피의 차이가 크지 않아 서브 카피의 크기를 줄여서 메인 카피를 확실하게 강조했습니다. 그런 다음 '봄꽃축제 일정'을 더욱 강조하기 위해 '2020'의 크기와 위치를 조정하였습니다.

⌃ 카드뉴스 디자인의 변화

위 디자인의 변화에서 볼 수 있듯이 같은 위상의 카피라도 모두 동일한 크기로 배치하여 빡빡하게 디자인하는 것보다 메인 카피 중에서도 가장 중요한 문구 혹은 단어를 좀 더 강조할 수도 있습니다.

지금까지 디자인 기본기에 대해 살펴봤습니다. 굳이 외우거나 이해하려고 노력할 필요는 없습니다. 간단히 살펴봤다면 이어지는 실습을 진행하면서 이론이 어떻게 적용되는지만 생각해 본다면 그것으로 충분합니다.

CHAPTER 02

포토샵이
처음이라면?

포토샵을 처음 사용한다면 가벼운 마음으로
포토샵이 어떻게 생겼고, 어떻게 사용하는지 살펴보세요.
절대 어렵지 않습니다. 만약 포토샵을 한 번이라도
사용해 본 경험이 있다면 건너뛰어도 좋습니다.

01 포토샵 시작을 위한 기초 다지기

✒ 포토샵 환경 설정하기

포토샵을 설치한 후 실행하면 다음과 같이 환영 화면이 나타납니다. 본격적인 사용에 앞서 사용자에 따라 효율적인 작업을 위해 환경 설정을 변경하고 시작하는 것이 좋습니다. 상단 메뉴에서 [편집-환경 설정-일반]을 선택하면 환경 설정 창이 열릴 것입니다.

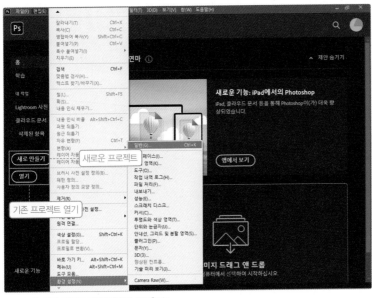

⌃ 포토샵 시작 화면의 다양한 [환경 설정] 메뉴

환경 설정 창 왼쪽에는 다양한 항목이 있고, 각 항목을 선택하면 그에 따른 환경 설정 옵션이 나타납니다. 일례로 [인터페이스]를 클릭해서 선택해 보면 모양, 프레젠테이션, 옵션 영역과 하위 옵션이 표시되며, 이 중 모양 영역에서 **색상 테마**의 네 가지 색상 중 하나를 선택해 보세요. 선택한 색상에 따라 포토샵의 색상이 변경됩니다. 책에서는 가독성을 높이기 위해 네 번째에 있는 가장 밝은 색상으로 설정한 후 설명하고 있습니다.

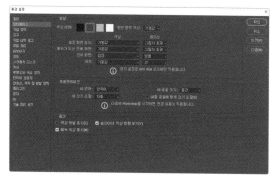
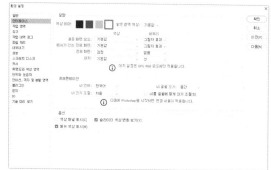

︽ 색상 테마에 따른 변화

환경 설정에서 눈여겨볼 항목이라면 [단위와 눈금자]입니다. SNS와 같은 웹에서 사용하는 이미지는 주로 픽셀(Pixels) 단위입니다. 그러므로 **눈금자: 픽셀**로 설정해서 사용하는 것을 권장합니다. **문자: 포인트**는 기본 그대로 사용하면 됩니다.

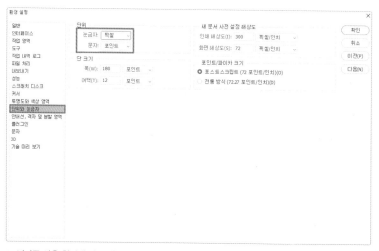

︽ 결과물 사용 환경에 따른 단위 설정

 ## 새로운 프로젝트 시작 및 패널 정리하기

환경 설정이 완료되었으면 이제 포토샵 시작 화면 왼쪽에 있는 [새로 만들기]를 클릭해 봅니다. 다음과 같이 새로 만들기 문서 창이 나타나며, 여기에는 사진, 인쇄, 아트 및 일러스트레이션, 웹, 모바일, 영화 및 비디오와 같이 용도에 따른 기본 설정과 그에 따른 무료 템플릿을 제공하고 있습니다. 제공되는 템플릿을 사용하지 않을 때는 왼쪽에 있는 세부 정보 영역에서 폭, 높이, 해상도, 색상 모드 등의 옵션을 직접 입력한 후 [제작]을 클릭하면 됩니다.

새로 만들기 문서 창에서 임의 템플릿을 선택한 후 [제작]을 클릭하면 선택한 템플릿에 따라 프로젝트가 시작됩니다. [웹] 탭에서 [웹 대형]을 선택한 후 [제작]을 클릭하여 프로젝트를 시작한 상태에서 패널 정리 요령을 설명하겠습니다.

△ 다양한 템플릿을 선택해서 사용할 수 있는 새로 만들기 문서 창

포토샵을 처음 실행한 후 첫 프로젝트를 시작한 것이라면 아래와 같이 학습 패널이 함께 표시되어 많은 공간을 차지하고 있을 것입니다. 여기서 간단히 패널 정리하는 방법을 살펴보겠습니다.

• **패널 축소/확장:** 패널 상단에는 두 개의 삼각형이 이어져 있는 [축소/확장] 아이콘 ▸▸ 이 있습니다. 이 아이콘을 클릭하면 패널을 축소하거나 다시 확장할 수 있습니다.

△ 패널 확장 상태

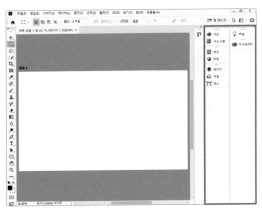

△ 패널 축소 상태

• **패널 묶기, 이동:** 패널의 상단에는 각 패널의 이름이 표시되어 있으며, 어떤 패널에는 여러 개의 패널이 그룹으로 묶여 있습니다. 이러한 패널은 패널 이름 부분을 클릭&드래그 하여 다른 그룹에 묶거나 별도로 분리할 수 있습니다.

- **패널 닫기**: 학습, 라이브러리 등의 패널은 항상 사용하는 것이 아니므로 닫아서 작업 영역을 확보하는 것이 좋습니다. 패널 오른쪽 위에 있는 세 줄 모양의 [메뉴] 아이콘▤을 클릭한 후 [탭 그룹 닫기] 또는 [닫기]를 선택합니다.

- **패널 열기**: 필요에 따라 패널을 다시 열어야 할 때는 [창] 메뉴를 이용합니다. 상단 메뉴에서 [창]을 선택한 후 하위 메뉴 중 사용할 패널을 선택하면 됩니다.

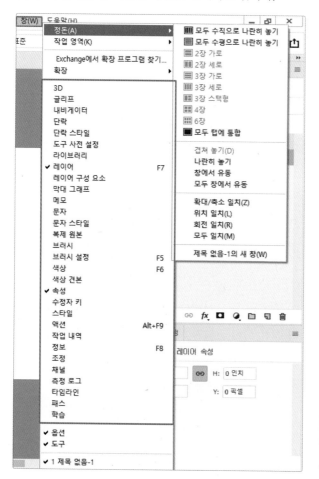

TIP [창 – 정돈] 메뉴에서는 여러 개의 작업 창을 열어 사용 중일 때 한 화면에 어떻게 배치할지 선택할 수 있습니다.

작업 영역 저장하기

상단 메뉴 막대 아래에는 옵션 패널이 있으며, 옵션 패널의 오른쪽 끝에서 두 번째 아이콘 을 클릭하면
프로젝트 종류에 따라 포토샵에서 제공하는 작업 영역을 선택할 수 있습니다. 해당 작업에 최적화된 패널로
구성된 작업 영역이라고 할 수 있습니다. 또한 사용자에 따라 작업하기 편한 상태로 패널들을 배치했다면
현재 상태를 그대로 저장해 놓을 수 있습니다.

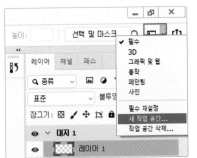 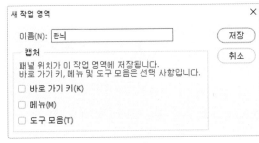

위와 같이 [새 작업 공간] 메뉴를 선택한 후 이름을 입력하고 저장하면 [쫜느 재설정]과 같이 메뉴로 표시되
며, 이후 해당 메뉴를 선택하여 언제든 저장한 상태로 되돌릴 수 있습니다.

TIP 포토샵 초기화

단순히 작업 영역을 변경하거나 재설정하는 것이 아닌 포토샵을 처음 설
치했을 때로 초기화할 수도 있습니다. 윈도우 바탕화면에서 Shift + Ctrl
+ Alt 를 누른 채 포토샵 실행 아이콘을 우클릭한 후 [열기]를 선택하면 됩
니다. 다음과 같이 안내 창이 나타났을 때 [예]를 클릭하면 포토샵을 처음
설치하고 실행했을 때와 같이 초기화됩니다.

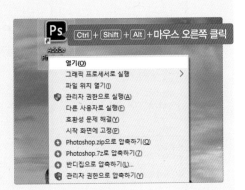

빠른 작업을 위한 화면 확대/축소 단축키

포토샵 디자인 작업을 하다 보면 이미지를 확대/축소하는 일이 빈번하게 발생합니다. 이럴 때마다 아이콘이나 메뉴를 이용하면 작업 속도가 더디어집니다. 그러므로 기본적인 이미지 확대/축소 단축키는 외워서 사용하기를 권장합니다.

- Ctrl + 0 : 이미지를 화면에 꽉 차게 표시합니다.
- Ctrl + 1 : 이미지를 실제 크기로 표시합니다.
- Ctrl + − : Ctrl 을 누른 채로 − 를 누를 때마다 이미지가 점차 축소됩니다.
- Ctrl + + : Ctrl 을 누른 채로 + 를 누를 때마다 이미지가 점차 확대됩니다.
- Alt + 마우스 휠: 휠을 위아래로 굴려서 이미지를 확대/축소할 수 있습니다.

∧ 화면에 꽉 차게 표시한 이미지

TIP 이미지를 크게 확대한 후 원하는 위치를 확인할 때는 Spacebar 를 누른 상태로 클릭&드래그하면 편리합니다.

02 포토샵의 기본 기능이 모여 있는 도구 패널

포토샵 화면 왼쪽에는 포토샵의 기본 기능이면서 주로 사용하는 기능들을 아이콘 형태로 모아 놓은 도구 패널이 있습니다. 기본적으로 한 줄 보기 상태이지만 상단에 있는 [축소/확장] 아이콘 ▸▸ 을 클릭하여 두 줄 보기로 변경할 수도 있습니다. 포토샵 버전이 올라갈수록 새로운 도구도 추가되는 추세이며, 각 도구 아이콘을 길게 클릭하면 숨어 있는 하위 도구가 나타납니다. 주로 사용하는 도구 위주로 알아볼게요.

> **TIP** 각 도구 아이콘 위에 마우스 커서를 올려 놓으면 도구를 설명하는 팝업 창이 나타납니다. 포토샵을 처음 사용한다면 각 설명을 참고로 살펴봐도 좋습니다.

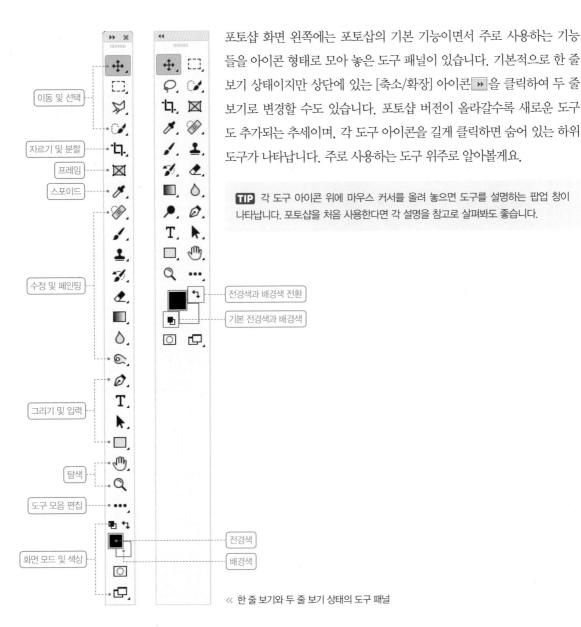

이동 및 선택
자르기 및 분할
프레임
스포이드
수정 및 페인팅
그리기 및 입력
탐색
도구 모음 편집
화면 모드 및 색상

전경색과 배경색 전환
기본 전경색과 배경색
전경색
배경색

《 한 줄 보기와 두 줄 보기 상태의 도구 패널

- **이동 도구**: 선택 영역 또는 레이어를 이동하는 도구로 단축키는 영문 Ⅴ 입니다.

- **대지 도구**: 대지(아트보드) 크기를 변경, 추가할 수 있는 기능입니다.

- **사각형 선택 윤곽 도구**: 클릭&드래그 하여 사각형 모양으로 선택 영역을 만들 수 있습니다.

- **원형 선택 윤곽 도구**: 클릭&드래그 하여 원형 모양으로 선택 영역을 만들 수 있습니다.

- **자르기 도구**: 직사각형 모양으로 이미지를 자를 수 있으며, 이미지보다 크게 조절해서 캔버스 크기를 키울 수도 있습니다.

- **분할 영역 도구**: 이미지에 분할 영역을 만들어 줍니다. 분할된 영역을 각각 저장할 수 있습니다.

- **분할 영역 선택 도구**: 분할 영역을 선택하고 크기를 수정할 수 있습니다.

- **프레임 도구**: 사각형, 원형 프레임 안에 사진을 넣을 수 있는 기능입니다.

- **스포이드 도구**: 클릭한 지점의 색이 전경색으로 적용됩니다. 색 정보를 얻을 때 사용할 수 있습니다.

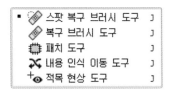
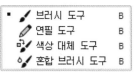

- **스팟 복구 브러시 도구**: 브러시 크기를 조절하여 점이나 잡티 등을 제거할 수 있습니다.

- **복구 브러시 도구**: Alt 를 누른 채 클릭한 지점을 복사합니다. 이후 Alt 를 놓고 클릭&드래그 한 영역을 복사한 영역으로 보정할 수 있습니다.

- **패치 도구**: 이미지에서 특정 영역을 클릭&드래그 하여 선택 영역을 만듭니다. 이어서 선택 영역을 클릭&드래그 하여 이동시키면 이동하는 지점의 이미지로 합성됩니다.

- **내용 인식 이동 도구**: 이미지에서 특정 영역을 클릭&드래그 하여 선택 영역을 만듭니다. 이어서 선택 영역을 클릭&드래그 하면 이동한 위치에 자연스럽게 합성됩니다.

- **브러시 도구**: 화면에 색을 칠할 수 있는 도구입니다. 작업 중 화면에서 마우스 우클릭으로 브러시 크기, 종류, 강도 등을 빠르게 조절할 수 있습니다.

- **복제 도장 도구**: [Alt]를 누른 채 클릭한 영역을 복제할 수 있습니다.
- **작업 내역 브러시 도구**: 이미지에 적용했던 효과를 브러시로 드래그하면 해당 영역에는 효과가 삭제되고 원본이 표시됩니다.

▪ 👤 복제 도장 도구 S	▪ ✎ 작업 내역 브러시 도구 Y
✿👤 패턴 도장 도구 S	✐ 미술 작업 내역 브러시 도구 Y

- **지우개 도구**: 사진 이미지 및 브러시 등의 픽셀을 지울 때 사용합니다.
- **배경 지우개 도구**: 배경을 투명하게 지울 수 있습니다.
- **자동 지우개 도구**: 비슷한 계열, 단색을 한 번 클릭으로 지울 수 있습니다.
- **그레이디언트 도구**: 직선, 방사형, 각도, 반사, 다이아몬드 패턴 등의 모양으로 선택한 색이 자연스럽게 섞이는 이미지를 만듭니다.
- **페인트 통 도구**: 선택 영역을 클릭하여 전경색을 채울 수 있습니다. 선택 영역이 없는 상태에서 클릭하면 클릭한 지점과 유사한 색상이 전경색으로 채워집니다.

▪ ◢ 지우개 도구 E	▪ ▦ 그레이디언트 도구 G
✦✎ 배경 지우개 도구 E	◿ 페인트 통 도구 G
✥✎ 자동 지우개 도구 E	◈ 3D 재질 놓기 도구 G

- **흐림 효과 도구**: 브러시로 [클릭&드래그]한 영역을 흐리게 만드는 도구입니다.
- **선명 효과 도구**: 브러시로 [클릭&드래그]하여 흐린 가장자리 영역을 선명하게 만드는 도구입니다.
- **손가락 도구**: 브러시로 [클릭&드래그]하여 손으로 문지른 것 같이 이미지를 섞어줍니다.
- **닷지 도구**: 드래그한 이미지 영역을 밝게 만듭니다.
- **번 도구**: 드래그한 이미지 영역을 어둡게 만듭니다.
- **스폰지 도구**: 드래그한 영역의 색상 채도를 높게 낮게 변경합니다.

▪ ◌ 흐림 효과 도구	▪ 🔍 닷지 도구 O
△ 선명 효과 도구	🔍 번 도구 O
✺ 손가락 도구	● 스폰지 도구 O

- **패스 선택 도구**: 패스 전체의 위치를 이동할 수 있습니다.
- **직접 선택 도구**: 패스에서 기준점의 위치를 변경할 수 있습니다.
- **사각형 도구**: 사각형 모양 및 패스, 픽셀을 선택적으로 제작합니다
- **모서리가 둥근 직사각형 도구**: 모서리가 둥근 직사각형 모양 및 패스, 픽셀을 선택적으로 만들 수 있고, 모서리의 굴린 정도를 조절할 수 있습니다.

> **TIP** 포토샵 2021부터는 〈모서리가 둥근 직사각형 도구〉가 없어지고, 〈사각형 도구〉의 옵션 패널에서 [둥근 모퉁이 반경 설정] 값을 조정합니다.

- **타원 도구**: 정원 및 타원 도형 및 패스를 만들 수 있는 도구입니다.

- **다각형 도구**: 다각형을 추가할 수 있는 도구로 모서리 개수를 직접 입력하여 제작할 수 있습니다.

- **선 도구**: 다양한 두께의 선 및 점선을 만들 수 있는 기능입니다.

- **사용자 정의 모양 도구**: 옵션 패널에서 다양한 모양을 선택하여 모양, 패스, 픽셀을 선택적으로 만들 수 있습니다.

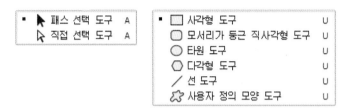

- **손 도구**: 작업 중 이미지가 한 화면에 다 표시되지 않을 때 보이는 영역을 이동할 수 있는 도구입니다. 〈손 도구〉를 대신하여 `Spacebar`를 누른 채 `클릭&드래그`하는 방법이 더 편리합니다.

- **회전 보기 도구**: 작업 화면을 돌릴 수 있는 기능입니다. 일시적으로 돌려 보고 옵션 패널에서 [보기 재설정]을 클릭하여 원래대로 돌려 놓을 수 있습니다.

- **돋보기 도구**: 클릭하면 화면이 점점 확대되고, `Alt`를 누른 상태로 클릭하면 점점 축소됩니다.

- **기본 전경색과 배경색**: 전경색은 검은색(#000000), 배경색은 흰색(#ffffff)으로 초기화할 수 있습니다.

- **전경색과 배경색 전환**: 현재 설정되어 있는 전경색과 배경색을 서로 바꿉니다.

- **전경색, 배경색**: 클릭한 후 색상 피커 창에서 전경색 또는 배경색을 지정할 수 있습니다.

- **빠른 마스크 모드/편집 모드**◙: 빠른 마스크 모드 상태에서 흰색 브러시로 칠하면 선택 영역이 되고(원색으로 표시), 검은색 브러시로 칠하면 선택 영역이 해제됩니다(붉은 색으로 표시). 다시 클릭해서 표준 모드로 돌아오면 선택 영역을 확인할 수 있습니다.

- **화면 모드**▣: 포토샵의 화면 보는 방식을 변경할 수 있습니다. 전체 화면 모드에서는 `Esc`를 눌러 표준 화면 모드로 돌아올 수 있습니다.

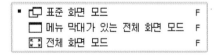

LESSON

03 작업을 위한 이미지 불러오기 및 저장하기

 이미지 불러오기

본격적인 디자인 작업을 시작하려면 이미지 자료를 불러오거나 저장해야 합니다. 먼저 이미지를 불러오는 방법입니다. 현재 상황에 따라 혹은 사용자의 편의에 따라 다음과 같은 다양한 방법 중 한 가지를 선택해서 사용하면 됩니다.

- **포토샵을 이제 막 실행했을 때**: 시작 화면에서 [열기] 버튼을 클릭합니다.

- **상단 메뉴 막대 이용하기**: [파일—열기] 메뉴를 선택합니다.

- **단축키 이용하기**: Ctrl + O 를 누릅니다.

ⓧ 시작 화면의 [열기] 버튼

- **디자인 작업 도중 빠르게 불러오기**: 이미지가 저장된 폴더를 열어 포토샵으로 드래그합니다. 이때 작업 중인 화면으로 드래그하면 기존 프로젝트에 고급 개체 레이어로 불러올 수 있고, 작업 창의 탭 이름 부분으로 드래그하면 별도의 창으로 불러올 수 있습니다.

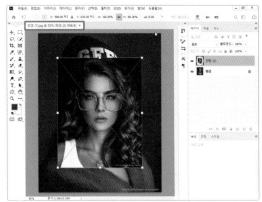

︽ 현재 작업 창으로 불러오기

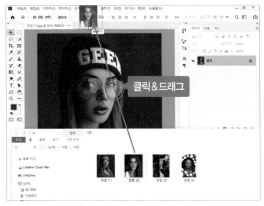

︽ 별도의 작업 창으로 불러오기

다양한 형식으로 저장하기

포토샵에서 새로운 작업을 시작한 후 처음 저장하면 기본 확장자는 PSD입니다. PSD 형식의 파일에는 포토샵에서 작업한 레이어와 같은 작업 요소가 모두 그대로 포함되어 있기 때문에 언제든 수정이 편리합니다. 하지만 이후 SNS 등에서 활용하기에는 불편함이 있습니다.

- **파일 저장하기**: 새로운 작업을 시작했거나 이미지를 열고 보정을 했다면 작업 결과물이 유실되지 않게 저장해야 합니다. 기본적인 저장 방법은 상단 메뉴에서 [파일-저장]을 선택하거나 단축키 Ctrl + S 를 누르는 것입니다.

- **다른 이름으로 저장하기**: 프로젝트 작업을 진행 중에는 PSD 파일로 저장해야 이후 수정이나 관리가 편리합니다. 하지만 최종 결과물은 JPG와 같은 일반적인 이미지 파일로 저장하는 것이 좋습니다. 이렇게 이미 저장한 결과물을 다른 확장자나 이름으로 저장할 때는 상단 메뉴에서 [파일-다른 이름으로 저장]을 선택하거나 단축키 Ctrl + Shift + S 를 누릅니다.

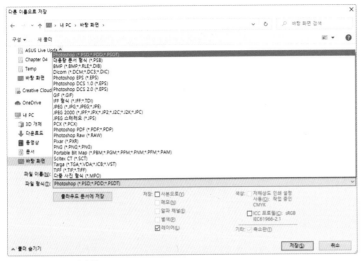

⌃ 다른 이름으로 저장 창

TIP 일반적으로 많이 사용하는 확장자는 포토샵 기본 확장자인 PSD와 대표적인 이미지 확장자인 JPEG(JPG), PNG입니다. 이 중 배경이 투명한 이미지를 제작했다면 PNG로 저장해야 합니다.

1분 실습 사진 분할하여 웹용으로 저장하기

SNS와 같이 웹에서 사용할 이미지를 만들 때 최종 결과물을 잘라서 사용하는 경우가 있습니다. 대표적으로 인스타그램에 분할한 각 사진을 업로드하여 하나처럼 보이게 하거나, 쇼핑몰의 상세페이지를 제작하는 경우입니다. 〈분할 영역 도구〉를 사용해 이미지를 자를 수 있고, 자른 이미지를 별도로 저장할 수 있습니다.

01 예제 파일 중 원.jpg를 불러왔습니다. 분할 영역을 만들 때는 눈금자를 표시하고 작업하는 것이 좋아요. 그러므로 Ctrl+R을 눌러 눈금자를 표시한 후 위쪽 눈금자 영역에서 아래로, 왼쪽 눈금자 영역에서 오른쪽으로 각각 드래그해서 표시자로 분할 영역을 구분합니다.

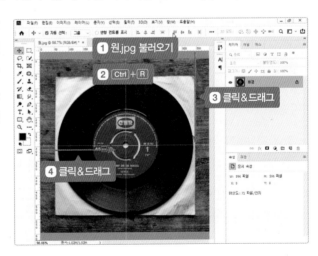

02 화면 왼쪽에 있는 도구 패널에서 〈자르기 도구〉 ⬚ 의 하위 도구인 〈분할 영역 도구〉 ✎ 를 선택하고 표시자 영역을 보면서 [클릭&드래그]하여 자를 영역을 지정합니다. 분할한 영역 왼쪽 상단에 숫자가 나타납니다. 같은 방법으로 나머지 영역도 분할합니다.

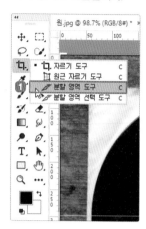
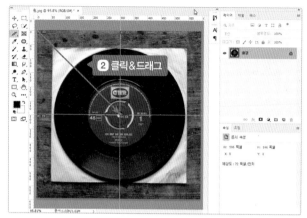

03 분할 영역 구분이 끝났으면 상단 메뉴에서 [파일-내보내기-웹용으로 저장(레거시)]을 선택합니다.

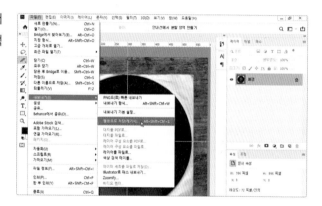

04 웹용으로 저장 창이 뜨면 오른쪽에 있는 다양한 옵션을 설정하고 [저장]을 클릭합니다. 이어서 저장 경로를 지정하고 저장을 완료하면 다음과 같이 분할된 각각의 이미지를 확인할 수 있습니다.

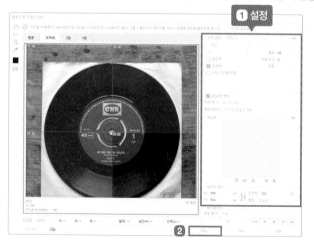
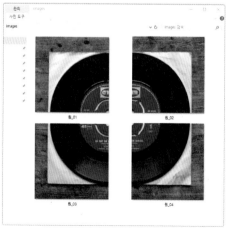

04 이미지 크기와 캔버스 크기

이미지 크기

포토샵에 불러온 이미지의 크기를 확인하고 크기를 키우거나 축소할 수 있습니다. 우리가 흔히 사용하는 사진과 같은 래스터(픽셀) 이미지는 원본 크기보다 축소할 때는 별다른 문제가 없습니다. 하지만 작은 이미지를 무리하게 키우면 뿌옇고 흐릿하게 보일 수 있으니 주의가 필요합니다.

상단 메뉴에서 [이미지 – 이미지 크기]를 선택하거나 단축키 Alt + Ctrl + I 를 누르면 이미지 크기 창이 열립니다. 현재 이미지의 크기와 해상도를 확인할 수 있으며, **폭과 높이** 옵션 왼쪽에 있는 링크 설정으로 원본 크기와 동일한 비율로 크기를 변경할 수 있습니다.

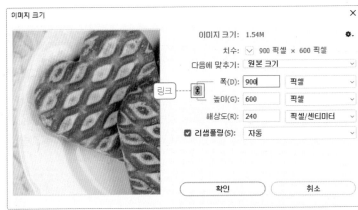

⌃ 폭/높이 링크가 연결된 상태의 이미지 크기 창

TIP 링크가 설정되어 있으면 폭이나 높이 중 한쪽 값을 변경할 때 나머지 값이 비율에 맞게 자동으로 변경되며, 링크를 클릭해서 해제하면 폭과 높이를 자유롭게 조정할 수 있습니다.

캔버스 크기

캔버스 크기는 이미지 크기와는 별개인 작업 영역의 크기입니다. 즉 자유롭게 디자인 작업을 할 수 있는 영역입니다. 상단 메뉴에서 [이미지 – 캔버스 크기]를 선택하면 현재 작업 중인 이미지 크기는 그대로 유지한 채 캔버스의 크기만 조절할 수 있습니다.

TIP 캔버스 크기를 조절할 때 **기준** 옵션에서 위치를 선택하면 해당 위치를 고정된 채 캔버스의 크기가 커지거나 줄어듭니다. 아무 위치도 선택하지 않으면 중앙이 기준이 됩니다.

05 모든 레이어를 한눈에, 레이어 패널

포토샵의 작업 결과는 여러 개의 레이어를 차곡차곡 쌓아서 완성합니다. 이렇게 쌓여 있는 레이어를 위에서 내려다본 결과가 바로 작업 창에 보이는 화면인 것입니다. 하지만 이렇게 쌓여 있는 레이어를 육안으로 쉽게 구분하기는 어렵습니다. 그 역할을 해 주는 것이 바로 레이어 패널입니다.

⊼ 포토샵의 레이어 구조

레이어 패널의 위쪽에는 레이어 혼합 모드와 불투명도 등을 조절할 수 있는 옵션이 있고, 중앙에는 사용 중인 레이어 목록이, 그리고 아래쪽에는 활용도가 높은 레이어 스타일, 마스크, 조정 레이어 등의 아이콘이 포함되어 있어요.

⌃ 작업 창에 포함되어 있는 레이어 목록

⌃ 레이어 패널에서 사용할 수 있는 기능 목록

위 그림에서 레이어 패널을 보면 맨 아래에 배경이 깔려 있고, 그 위에는 사과 이미지, 전체적으로 화면의 톤을 어둡게 눌러 주는 검은색 레이어, 햇살 추가 레이어, 마지막으로 텍스트 레이어 2개가 배치되어 있습니다. 또한 레이어에서 마우스 우클릭을 하면 레이어 패널에서 적용할 수 있는 기능들이 나타나는데 현재 선택한 레이어에 적용할 수 있는 기능만 진한 색으로 활성화됩니다.

- **모두 잠그기**: 레이어를 선택하고 자물쇠 모양의 [모두 잠그기] 아이콘🔒을 클릭하면 해당 레이어의 이미지는 작업 창에서 선택하거나 이동할 수 없게 됩니다.

- **레이어 보기/숨기기**: 각 레이어 앞에 있는 눈 아이콘👁을 클릭하면 해당 레이어의 이미지는 작업 창에서 보이지 않게 됩니다. 반대로 Alt 를 누른 채 클릭하면 해당 레이어의 이미지만 표시됩니다.

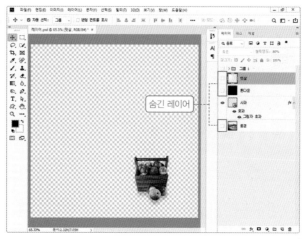

- **레이어 혼합 모드**: 레이어에 혼합 모드를 적용하면 바로 아래에 있는 레이어와 혼합되어 나타납니다. 사진 합성을 위해 사용하는 기능으로 26가지가 있는데 하나의 혼합 모드를 선택하고 마우스 휠을 드래그하면 혼합 모드를 간편하게 변경하며 확인할 수 있습니다. 모드별 자세한 설명은 http://bit.ly/blending-mode 경로에서 확인할 수 있습니다.

- **그룹 만들기**: 레이어가 많아 세로로 길어지면 레이어 관리가 어렵습니다. 이럴 때 관련 레이어를 모두 선택하고 마우스 우클릭 후 [레이어에서 그룹 만들기]를 선택하거나 Ctrl+G를 눌러 폴더와 같은 그룹으로 묶어서 관리하면 편리합니다.

- **고급 개체**: 포토샵에서 사용하는 래스터(픽셀) 이미지를 고급 개체로 만들 수 있습니다. 고급 개체는 이미지의 데이터가 포함되어 있는 레이어로 크기나 형태 등을 변형하여도 원본은 그대로 보존됩니다. 고급 개체로 변환할 레이어를 우클릭한 후 [고급 개체로 변환]을 선택하면 섬네일 오른쪽 아래 고급 개체 아이콘이 표시됩니다.

> ▶️ **고급 개체 활용 사례**
>
> 스마트 오브젝트 & 목업 활용법
>
>
> 3D 입체 표지 만들기
>

> **TIP** 이미지 작업 중 현재 작업 창에 다른 이미지를 드래그해 불러오면 자동으로 고급 개체 상태로 추가됩니다. 상단 메뉴에서 [편집-환경 설정-일반]을 선택한 후 **가져올 때 항상 고급 개체 만들기** 체크를 해제하면 고급 개체를 필요한 상황에만 선택적으로 적용해 사용할 수 있습니다.

- **색상 바꾸기**: 각 레이어를 종류에 따라 쉽게 구분하기 위해 색상을 적용할 수 있습니다. 해당 레이어에서 마우스 우클릭 후 지정할 색상을 선택하면 됩니다.

⌃ 색상으로 구분한 레이어

- **문자 래스터화**: 문자 도구를 이용해 내용을 입력하면 텍스트 레이어가 추가되며, 언제든 내용을 수정할 수 있습니다. 만약 텍스트 레이어에서 우클릭한 후 [문자 래스터화]를 선택하면 이후 내용을 수정할 수 없는 일반 레이어로 변경됩니다.

레이어 패널 관련 단축키 파악하기

레이어 관리를 위해 자주 사용하는 단축키는 다음과 같습니다. 자주 사용하는 기능들이므로 반드시 기억해 두길 권장합니다.

- Ctrl + J : 레이어 복제하기

- Ctrl + G : 그룹 만들기

- Ctrl + [/ Ctrl +] : 레이어 위/아래로 이동하기

- Shift + Ctrl + [/ Shift + Ctrl + [: 선택한 레이어 최상단/최하단으로 이동하기

- Ctrl + E : 선택한 레이어 합치기

- Ctrl + 클릭: 여러 개의 레이어 선택

- Alt + 클릭: 현재 레이어 선택 해제

- Shift + 클릭: 처음 클릭해서 선택한 레이어와 두 번째로 선택한 레이어 및 사이에 있는 모든 레이어 선택

- Ctrl + 섬네일 클릭: 해당 레이어 내용을 선택 영역으로 지정

- Alt + 섬네일 클릭: 해당 레이어를 화면에 꽉 차게 확대/축소

레이어 스타일

레이어 스타일은 레이어 패널에 있는 옵션으로 레이어에 적용할 수 있는 다양한 효과이며, 주로 텍스트를 꾸밀 때 사용합니다. 레이어를 선택한 후 레이어 패널 아래쪽에 있는 [레이어 스타일] 아이콘 *fx* 을 클릭하고 사용할 메뉴를 선택하면 다음과 같은 레이어 스타일 창이 열립니다.

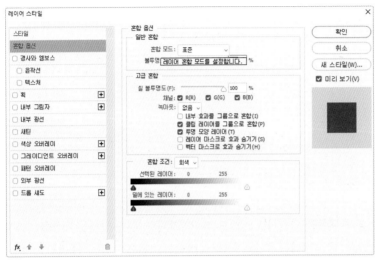

△ 레이어 스타일 창

- **경사와 엠보스:** 레이어에 입체적인 두께 및 광택 효과를 추가합니다.

- **획:** 레이어에 테두리를 추가합니다.

- **내부 그림자:** 레이어 안쪽으로 그림자를 추가합니다.

△ 경사와 엠보스

△ 획

△ 내부 그림자

- **내부 광선:** 레이어 안쪽으로 광선 효과를 추가합니다.

- **새틴:** 메탈 같은 광택 효과를 추가합니다.

- **색상 오버레이:** 레이어에 단색을 적용합니다.

⌄ 내부 광선

⌄ 새틴 메탈

⌄ 색상 오버레이

- **그레이디언트 오버레이:** 레이어에 그레이디언트를 추가합니다.
- **패턴 오버레이:** 레이어에 패턴을 추가합니다.
- **외부 광선:** 레이어 외곽에 빛이 번지는 듯한 효과를 추가합니다.
- **드롭 섀도:** 레이어에 그림자 효과를 추가합니다.

⌄ 그레이디언트 오버레이

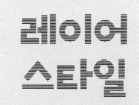

⌄ 패턴 오버레이

⌄ 외부 광선

⌄ 드롭 섀도

06 원하는 부분만 보이게 하는 마스크

레이어 마스크

레이어 마스크는 말 그대로 레이어에 마스크를 씌운 후 마스크에서 흰색 부분은 보이고, 검은색으로 칠한 부분은 보이지 않게 표현하는 방법입니다. 인물의 배경을 지울 때 자주 사용하며, 흰/검 그레이디언트를 적용해 이미지가 자연스럽게 사라지는 표현을 만들 수 있습니다. 레이어 마스크 추가는 레이어 패널 하단에 있는 [레이어 마스크] 아이콘 을 클릭하면 됩니다. 기존 레이어의 섬네일(축소판) 오른쪽에 레이어 마스크가 추가됩니다.

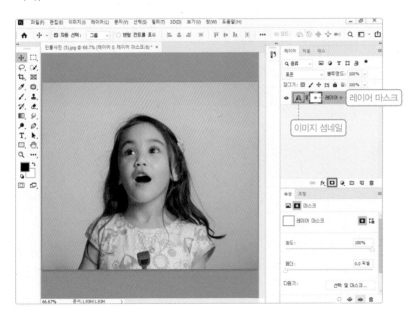

레이어 마스크가 선택된 상태에서 〈브러시 도구〉를 선택하고 전경색을 검은색으로 설정하여 지울 영역을 칠하면 화면에서 사라집니다. 반대로 흰색으로 칠하면 다시 나타납니다. 같은 방식으로 흰색에서 검은색으로 바뀌는 그레이디언트를 적용하면 점점 흐려지면서 사라지는 이미지를 만들 수 있습니다.

^ 레이어 마스크로 배경을 제거한 이미지

^ 흰/검 그레이디언트 적용으로 자연스럽게 사라지는 이미지

클리핑 마스크

레이어 마스크는 이미지와 마스크가 하나의 레이어에 함께 표시되지만 클리핑 마스크는 마스크 레이어와 표시될 이미지 레이어가 각각 필요합니다. 지정한 영역 안에 원하는 이미지를 넣을 수 있는 기능으로 도형이나 문자에 적용할 수 있습니다.

예시는 텍스트가 입력된 레이어가 아래에, 이미지 레이어가 위에 배치되어 있으며, 텍스트는 이미지에 가려 화면에 보이지 않습니다. 이 상태에서 위에 있는 이미지 레이어를 우클릭한 후 [클리핑 마스크 만들기]를 선택하면 오른쪽 그림과 같이 문자 영역에만 이미지가 나타납니다.

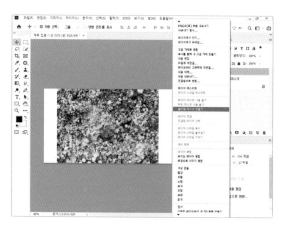

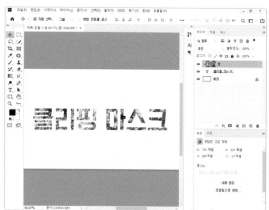

이처럼 아래에 있는 레이어가 마스크의 역할을 하고, 위에 있는 레이어의 이미지가 마스크 영역에만 표시되는 것입니다. 간편하게 위에 있는 레이어를 선택한 후 단축키 Alt + Ctrl + G 를 누르거나, Alt 를 누른 채 두 레이어 사이 경계를 클릭해서 적용할 수 있습니다.

TIP 클리핑 마스크를 적용하기 위해 메뉴를 선택할 때 반드시 레이어 이름 부분에서 우클릭해야 합니다. 섬네일(축소판)에서 우클릭하면 해당 메뉴가 표시되지 않습니다.

 프레임 도구

프레임 도구는 간편하게 마스크를 적용할 수 있는 기본 도구로 최근 추가된 기능입니다. 도구 패널에서 〈프레임 도구〉를 선택한 후 클릭&드래그 하여 마스크 영역을 지정하면 됩니다. 옵션 패널에서 사각형, 원형을 선택할 수 있으며, 여러 장의 사진을 균일하게 배치할 때 사용하면 편리한 도구입니다.

⌃ 사각형과 원형 프레임으로 표시한 사진 이미지

위와 같이 사진에 프레임을 적용한 후 다른 사진으로 교체하고 싶다면 폴더에서 바꾸고 싶은 사진을 프레임으로 드래그하기만 하면 간편하게 변경할 수 있습니다. 또한 레이어 패널에서 프레임 섬네일을 클릭해서 선택하면 작업 창에서 프레임 크기 및 위치를 변경할 수 있습니다.

07 배경을 다채롭게 꾸미는 그레이디언트와 패턴

그레이디언트

포토샵의 그레이디언트 기능은 색과 색이 자연스럽게 연결되는 방식으로 흔히 그라데이션이라고 말하는 기능입니다. 배경에 사용할 수도 있고 텍스트에 사용하거나 마스크로 사용할 수도 있으며, 사진 합성을 통해 색감 변화를 줄 때도 사용하는 등 활용도가 많은 기능입니다.

그레이디언트 기본 사용 방법

도구 패널에서 〈그레이디언트 도구〉■를 선택한 후 사용합니다. 상단 옵션에 다섯 종류의 그레이디언트 종류 아이콘이 보이며, 순서대로 [선형, 방사형, 각도, 반사, 다이아몬드]입니다. 그레이디언트 종류를 선택한 후에는 왼쪽에 있는 그레이디언트 스타일을 설정합니다. 그레이디언트 스타일을 클릭하면 그레이디언트 편집기 창이 뜨고 여기서 사전 설정된 스타일을 선택하거나 아래쪽에 있는 불투명도와 색상 정지점을 이용해 직접 스타일을 만들 수 있습니다.

그레이디언트 편집기에서 그레이디언트 바의 아래쪽에 있는 색상 정지점을 클릭해 색상이나 위치를 변경할 수 있고, 위쪽의 색상 불투명도 정지점을 클릭해 불투명도 위치를 조정할 수 있습니다. 또한 정지점을 바깥쪽으로 클릭&드래그 하여 제거할 수 있고, 빈 공간을 클릭하여 추가할 수도 있습니다.

그레이디언트의 종류와 세부 스타일을 설정한 후 작업 창에서 클릭&드래그 하면 다음과 같이 간단한 그레이디언트 배경을 만들 수 있습니다.

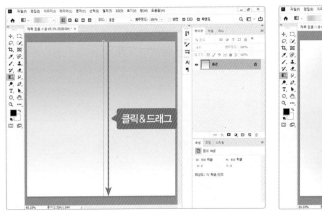

△ 선형 그레이디언트   △ 방사형 그레이디언트

다양하게 활용하는 그레이디언트

- **텍스트에 사용하기:** 입력한 텍스트에 그레이디언트를 적용할 때는 레이어 스타일 기능을 이용합니다. 레이어 패널에서 텍스트 레이어를 선택한 후 레이어 패널 하단에서 [레이어 스타일] 아이콘 을 클릭하고 [그레이디언트 오버레이]를 선택합니다. 레이어 스타일 창에서 설정한 옵션에 따라 텍스트에 그레이디언트가 적용됩니다.

- **레이어 마스크에 사용하기:** 이미지와 이미지를 자연스럽게 합성할 때 사용하며, 흑백 그레이디언트를 활용합니다. 예를 들어 다음과 같이 빨간 벽 사진과 배경 이미지를 자연스럽게 합성할 때 빨간 벽 이미지에 레이어 마스크를 추가한 후 **전경색에서 배경색으로**로 설정한 흑백 그레이디언트를 왼쪽에서 오른쪽으로 [클릭&드래그]하면 투명에서 원본으로 서서히 바뀌는 이미지를 만들 수 있습니다.

- **조정 레이어 사용하기:** 조정 레이어 ◉에서도 그레이디언트를 활용할 수 있습니다. 예를 들어 아래와 같이 살짝 흐린 하늘에 조정 레이어를 이용해 합성하면 하늘 영역만 좀 더 파랗게 합성할 수 있습니다. 이때는 **전경색에서 투명으로**로 설정하여 하늘 부분에만 파란색이 **오버레이** 스타일로 겹치게 [클릭&드래그]하여 그레이디언트를 표현하면 됩니다.

1분 실습 패턴 만들고 적용하기

간단한 패턴을 잘 활용하면 디자인의 배경 정도는 뚝딱 해결할 수 있습니다. 포토샵의 패턴 정의 기능을 이용해 직접 만든 패턴을 저장하고, 원하는 크기의 캔버스에 적용할 수 있습니다. 이러한 패턴을 제작할 때는 정사각형으로 제작하고 연속적으로 이어 붙였을 때 자연스럽게 이어지도록 사면을 같은 패턴으로 만들어야 합니다. Polka dot(땡땡이) 패턴을 만들고, 저장 및 적용하는 방법을 실습해 볼게요.

패턴 만들어 저장하기

01 포토샵을 실행한 후 상단 메뉴에서 [파일-새로 만들기]를 선택하거나 단축키 Ctrl+N을 눌러 새로 만들기 문서 창을 엽니다. 오른쪽 세부 정보에서 폭: 200픽셀, 높이: 200픽셀로 설정한 후 [제작]을 클릭해 새로운 작업 창을 엽니다.

02 도구 패널에서 〈타원 도구〉◯를 선택하고, 상단 옵션 패널에서 칠: #000000(검정), 획: 없음으로 설정한 후 작업 창을 클릭합니다. 타원 만들기 창이 열리면 폭: 50픽셀, 높이: 50픽셀로 설정하고 [확인]을 클릭합니다.

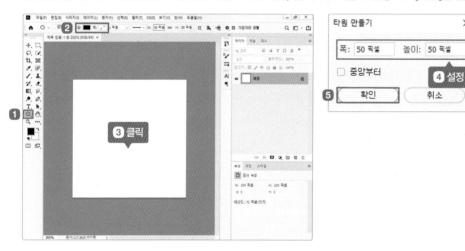

> **TIP** 칠 또는 획 옵션을 클릭한 후 팝업 창에서 오른쪽 위에 있는 [색상 피커] 아이콘▣을 클릭하면 색상 값을 입력하여 원하는 색상을 선택할 수 있습니다.

03 도구 패널에서 〈이동 도구〉 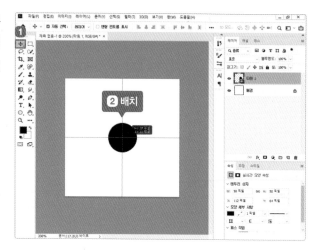 를 선택한 후 작업 창의 원을 클릭&드래그 합니다. 자동으로 표시되는 고급 안내선을 확인하면서 캔버스 정 가운데 배치합니다.

TIP 고급 안내선은 상단 메뉴에서 [보기-표시-고급 안내선]이 활성화되어 있어야 표시됩니다. 또한 [보기-스냅]이 활성화되어 있으면 배치가 더욱 수월합니다.

04 이어서 Alt 를 누른 채 정원을 클릭&드래그 하여 복제한 후 1/4만 보이게 모서리에 배치합니다. 같은 방법으로 나머지 모서리에도 모두 원을 배치합니다.

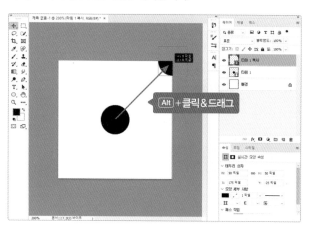

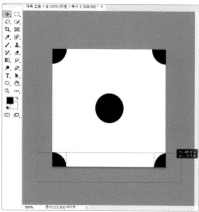

05 배경이 없이 원형 땡땡이만 패턴으로 만들기 위해 레이어 패널에서 맨 아래쪽 [배경] 레이어의 눈 아이콘을 클릭해서 끄고 상단 메뉴에서 [편집-패턴 정의]를 선택합니다. 패턴 이름 창이 열리면 사용할 이름을 입력한 후 [확인]을 클릭합니다.

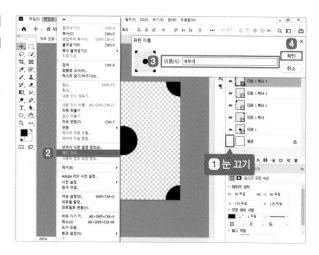

패턴 사용하기

01 Ctrl+N을 누르고, 새로 만들기 문서 창에서 폭: 1920, 높이: 1080픽셀로 설정해 다음과 같은 새로운 작업 창을 만듭니다.

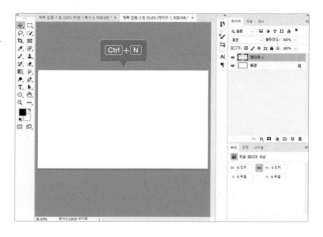

02 레이어 패널에서 [새 레이어] 아이콘 🔲을 클릭하여 새로운 레이어를 추가하고, 상단 메뉴에서 [편집-칠]을 선택합니다. 칠 창이 뜨면 내용: 패턴으로 설정하고 사용자 정의 패턴에서 저장한 패턴을 선택한 후 [확인]을 클릭합니다.

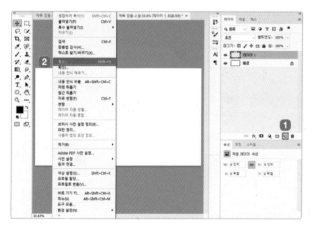

03 화면 전체에 땡땡이 패턴이 채워졌습니다. 땡땡이 색을 바꾸고 싶을 때는 [레이어 스타일-색상 오버레이]나 [레이어 스타일-그레이디언트 오버레이]를 적용합니다.

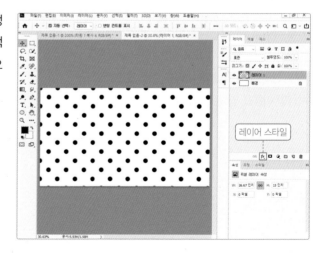

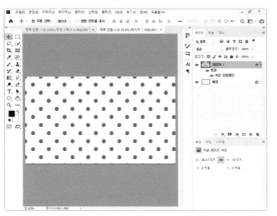

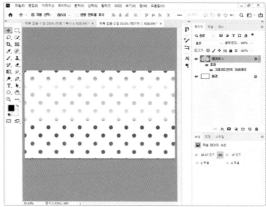

⌃ 색상 오버레이 　　　　　　　　　　　　　　　　　　　⌃ 그레이디언트 오버레이

TIP **오프셋 기능 활용하여 패턴 만들기**

포토샵의 오프셋 기능을 활용하면 자연스럽게 이어지는 패턴을 만들 때 편리합니다. 예를 들어 폭/높이가 각각 600픽셀인 캔버스에 다음과 같은 이미지가 배치되어 있다면, 패턴으로 만들기 위해서는 상하좌우로 같은 작업 창을 이어 붙였을 때 자연스럽게 이어지도록 재배치해야 합니다. 그러므로 왼쪽과 같은 이미지를 오프셋 기능으로 오른쪽처럼 변형하였습니다.

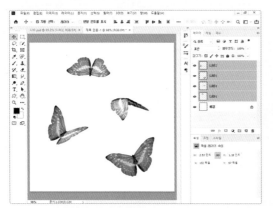

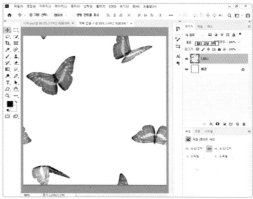

상단 메뉴에서 [필터-기타-오프셋]을 선택하면 다음과 같은 오프셋 창이 열리며 여기서 **가로 방향: +300, 세로 방향: +300**으로 설정한 결과입니다. 캔버스의 폭/높이가 600픽셀이므로 그 절반인 300픽셀씩 이동한 것입니다.

▶ **동영상 강의**

LESSON

08 카드뉴스 만들기에 최적화된 아트보드

 1분 실습 아트보드 만들기

여러 개의 작업을 한번에 보면서 디자인하거나 출력할 때는 새로운 작업 창을 아트보드로 설정하면 편리합니다. 새로 만들기 문서 창에서 **아트보드**에 체크만 하면 됩니다.

01 포토샵을 실행한 후 메뉴에서 [파일-새로 만들기]를 선택하거나 단축키 Ctrl + N 을 누릅니다. 새로 만들기 문서 창이 열리면 오른쪽 상세 옵션에서 폭, 높이를 각각 900픽셀로 설정하고 아트보드에 체크한 후 [제작] 버튼을 클릭합니다.

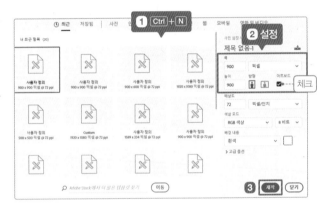

02 도구 패널에서 〈대지 도구〉□를 선택하고 새로운 아트보드에 기본으로 생성된 [대지1]을 클릭하면 대지가 선택됩니다. 대지가 선택된 상태에서는 대지를 추가할 수 있는 [+] 아이콘이 나타나며 [+] 아이콘을 클릭한 위치에 새로운 대지가 추가됩니다.

> **TIP** 〈이동 도구〉를 선택한 상태에서 대지의 이름 부분을 클릭하면 자동으로 〈대지 도구〉가 선택됩니다.

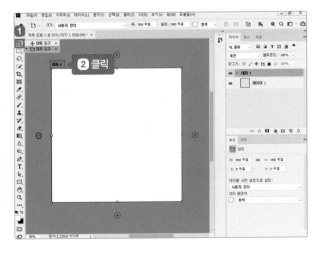

03 [+] 아이콘을 클릭해 다음과 같이 대지를 추가해 보세요. 레이어 패널을 보면 아래에서부터 위로 새로운 대지 번호가 매겨져 있는 걸 확인할 수 있습니다.

> **TIP** 하나의 아트보드 안에서 다양한 크기의 대지를 사용할 수 있어요. 아트보드를 추가한 후 〈대지 도구〉가 선택된 상태에서 대지 주변에 있는 조절점을 클릭&드래그하거나, 상단 옵션 패널에서 폭, 높이를 조정하면 됩니다.

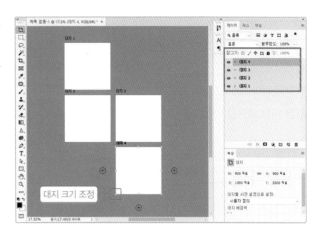

04 대지의 이름을 클릭한 채 드래그해서 배치를 옮길 수도 있습니다. 드래그 중에는 핑크색으로 고급 안내선이 표시되어 원하는 위치로 옮기기 편리합니다.

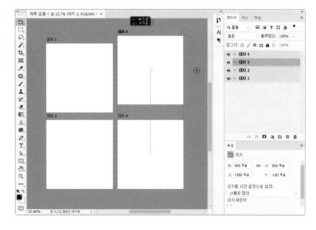

⏱️ **1분 실습 아트보드에 사진 추가하기**

01 각 대지는 개별 캔버스라고 생각하면 됩니다. 그러므로 각 대지에서 디자인하면 됩니다. 카드뉴스에서는 사진을 주로 사용하는데, 사진 불러오는 방법도 간단해요. 작업할 대지 이름을 눌러 선택해 놓고, 사진이 저장되어 있는 폴더에서 대지로 `클릭&드래그`하면 됩니다.

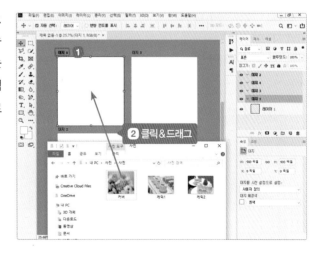

02 자유 변형 모드로 사진이 배치됩니다. 원하는 크기보다 작게 배치 되었다면 Alt 를 누르고 이미지 모서리에 있는 조절점을 클릭&드래그 해서 크기를 키웁니다. 크기 조절이 완료되면 Enter 를 눌러 자유 변형 모드를 마칩니다.

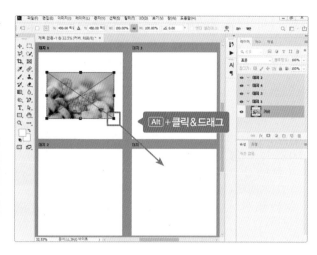

> **TIP** 자유 변형 모드(Ctrl + T)에서 크기를 조절할 때 원본 비율을 자유롭게 조절하고 싶다면 Shift 를 눌러야 해요.
> **TIP** Alt 는 사진 중앙을 기준으로 크기를 조절할 때 누르는 키입니다.

03 아트보드 기능을 사용하면 각 대지를 기준으로 대지 범위를 벗어난 영역은 보이지 않게 처리돼요. 딱 대지 영역만 보여 주기 때문에 작업할 때 보기 좋습니다.

04 추가로 사진을 하나 더 배치해 봅니다. 이때 [대지3]에 사진을 넣으려고 했는데 실수로 [대지1]에 사진이 배치되었다면 어떻게 해야 할까요? 그대로 클릭&드래그 해서 옮기기만 하면 됩니다. 자유 변형 모드(조절점이 보이는 상태)라면 사진을 다른 대지로 옮겼을 때 이미지가 보이지 않고 조절점만 표시되며, Enter 를 눌러 자유 변형 모드를 마치면 그때서야 이미지가 보이고 레이어 패널에서도 사진이 이동됩니다.

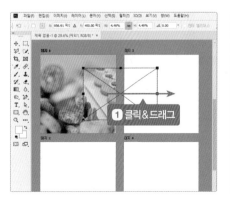

아트보드를 이용해 여러 장의 카드뉴스를 완성했다면 누구나 쉽게 사용할 수 있도록 PNG 또는 JPEG와 같이 사용 범위가 넓은 파일로 저장해야 합니다. 각 카드뉴스를 하나씩 저장하면 시간이 많이 걸리겠죠? 걱정할 필요 없습니다. 아트보드에 있는 여러 이미지를 한번에 저장할 수 있어요.

01 아트보드에서 모든 카드뉴스가 완성되었다면 상단 메뉴 막대에서 [파일-내보내기-내보내기 형식]을 선택합니다.

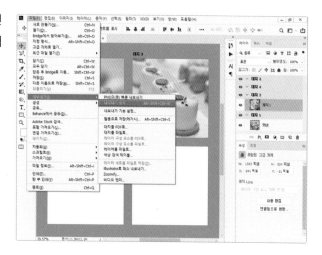

02 내보내기 형식 창이 열리면 왼쪽에 대지 목록이, 오른쪽에 저장할 파일 설정 옵션이 있습니다. 오른쪽 옵션에서 저장할 파일 형식을 선택하고 [모두 내보내기] 버튼을 클릭하면 됩니다.

TIP 대지에서 큰 크기로 디자인한 후 내보내기 창 오른쪽 옵션에서 크기를 변경하여 저장할 수도 있습니다.

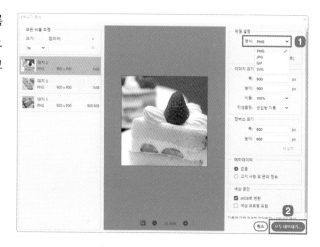

CHAPTER 03

디자인 재료 준비를 위한
포토샵 실력 쌓기

01 사진 보정의 필수품, 이동 도구와 선택 윤곽 도구

이동 도구의 쓰임과 레이어 선택 옵션

〈이동 도구〉는 사진이나 레이어를 선택하고 이동할 때 사용합니다. 〈이동 도구〉를 선택한 후 상단 옵션 패널을 보면 **자동 선택** 옵션이 있고, **그룹/레이어** 옵션 값이 있습니다. 만약 **자동 선택** 옵션에 체크한 후 **레이어**로 설정한 상태로 화면을 클릭하면 클릭한 지점의 이미지 레이어가 자동으로 선택됩니다.

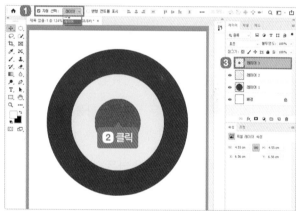

포토샵 작업이 복잡할수록 다양한 레이어를 사용하고, 그럴 때는 작업의 효용성을 높이기 위해 유사한 레이어를 그룹으로 묶어서 관리합니다. 이때 **자동 선택** 옵션 값을 **그룹**으로 설정한 후 화면을 클릭하면 해당 이미지가 포함된 그룹이 선택됩니다. 즉, 그룹 안에 포함된 모든 레이어가 선택되는 것입니다.

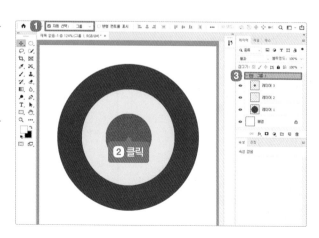

선택 영역을 만드는 선택 도구 알기

포토샵에는 다양한 선택 기능이 있습니다. 사진과 같은 이미지에서 특정 영역을 떼어 내거나 특정 영역에만 효과를 적용할 때 사용하는 도구로, 지정할 영역의 모양에 따라 선택 도구도 골라서 사용할 수 있습니다.

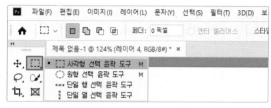
⌃ 다양한 선택 윤곽 도구

사각형 선택 윤곽 도구

〈사각형 선택 윤곽 도구〉는 `클릭&드래그`로 사각형 선택 영역을 만들 때 사용합니다. 구체적인 사용 방법은 다음과 같습니다.

- `Shift` + `클릭&드래그` : 정사각형 선택 영역이 만들어집니다.
- `Alt` + `Shift` + `클릭&드래그` : 클릭한 지점을 중심으로 정사각형이 만들어집니다.
- **선택 영역 안쪽** `클릭&드래그` : 선택 영역 전체를 이동할 수 있습니다.
- **선택 영역 바깥쪽 클릭 또는** `Ctrl` + `D` : 선택 영역이 해제됩니다.

또한 하나의 선택 영역을 만든 상태에서 다음과 같이 선택 영역을 더하거나 뺄 수 있습니다. 다음과 같이 단축키를 이용할 수 있으며, 단축키를 누른 후에는 상단 옵션 패널에서 아이콘의 변화를 살펴보세요.

- **선택 영역에 추가**: 선택 영역을 만든 상태에서 `Shift` + `클릭&드래그`
- **선택 영역에서 빼기**: 선택 영역을 만든 상태에서 `Alt` + `클릭&드래그`
- **겹치는 영역만 남기기**: 선택 영역을 만든 상태에서 `Alt` + `Shift` + `클릭&드래그`

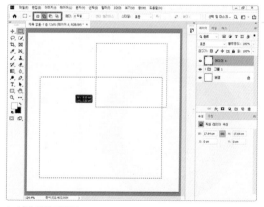 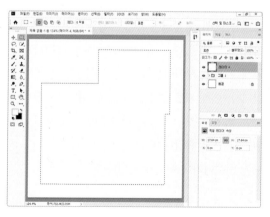
⌃ 선택 영역 더하기

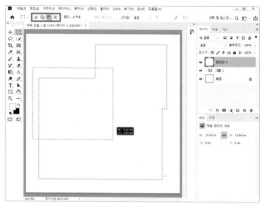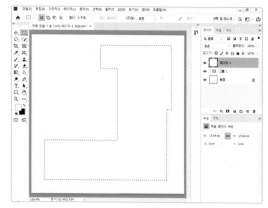

⚠ 선택 영역 빼기

나머지 선택 윤곽 도구

〈사각형 선택 윤곽 도구〉 이외에 〈원형 선택 윤곽 도구〉, 〈단일 행/열 선택 윤곽 도구〉의 사용 방법도 유사합니다.

- 원형 선택 윤곽 도구: 다양한 모양의 원형으로 선택 영역을 만들 수 있습니다.
- 단일 행/열 선택 윤곽 도구: 1픽셀의 가로/세로 선택 영역을 만들 수 있습니다. 주로 선을 표현할 때 사용합니다.

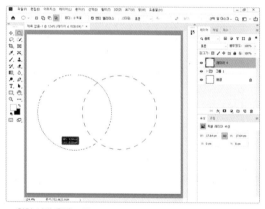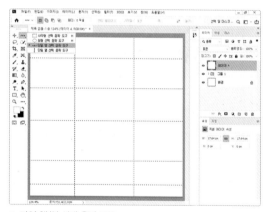

⚠ 원형 선택 윤곽 도구　　　　　　　　　⚠ 단일 행/열 선택 윤곽 도구

올가미 도구

선택 윤곽 도구에 비해 비교적 자유로운 형태의 선택 영역을 만들 때 사용합니다.

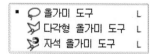

- **올가미 도구**: 그림을 그리듯 `클릭&드래그`로 선택 영역을 만들 수 있습니다. 중간에 끊어지지 않게 한번에 그리는 게 중요하고, 마우스보다는 태블릿을 사용하면 좀 더 섬세한 선택 영역을 만들 수 있습니다. 선택 시작 지점과 끝점이 서로 만나거나 중간에 손을 떼면 자동으로 선택 영역이 연장됩니다.

⌃ 올가미 도구로 만든 선택 영역

- **다각형 올가미 도구**: 각 지점을 클릭하면 클릭한 지점이 선으로 연결되어 선택 영역이 만들어집니다. 선택 영역을 완료하려면 처음 시작 지점을 다시 클릭하거나 완료할 지점을 더블 클릭합니다. 올가미 도구에 비해 각진 선택 영역을 만들 때 유리합니다.

⌃ 다각형 올가미 도구로 만든 선택 영역

- **자석 올가미 도구**: 선택하고 싶은 영역의 외곽을 `클릭&드래그`하면 자동으로 색상이 서로 다른 경계를 선택 영역으로 만들어 줍니다. 배경이 깔끔하고, 선택하고 싶은 오브젝트가 단순할수록 원하는 선택 영역이 만들어집니다. 완벽한 기능은 아닌지라 어느 정도 수정 작업이 필요합니다.

빠른/자동 선택 도구

클릭 한번으로 원하는 선택 영역을 만들 수 있는 자동화 도구입니다. 하지만 완벽하진 않으므로 어느 정도 수정 작업이 필요합니다.

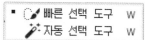

- **빠른 선택 도구**: 브러시를 사용하듯 클릭&드래그 하면 비슷한 계열의 색상이 선택 영역으로 만들어집니다. 선택 윤곽 도구처럼 Shift 를 누르지 않아도 클릭&드래그 하는 영역이 추가로 선택되며, 반대로 선택에서 제외시키고 싶은 영역은 Alt 를 누르고 클릭&드래그 하면 됩니다.

> **TIP** 〈빠른 선택 도구〉의 상단 옵션 패널에 있는 [선택 및 마스크] 기능은 섬세한 인물을 선택 영역으로 만들 때 사용하기 유용한 기능으로 116쪽을 참고하세요.

- **자동 선택 도구**: Shift 를 누른 채 원하는 색상 영역을 클릭해서 선택 영역을 만들 수 있는 도구로, Shift 를 누른 채 원하는 색상 영역을 클릭해서 선택 영역을 넓혀갈 수 있습니다. 상단 옵션 패널의 **허용치** 옵션 값이 클수록 한번에 선택되는 영역의 범위도 커집니다.

02 선택 영역 수정하기: 테두리, 매끄럽게, 확대, 축소, 페더

아래 예시는 〈수평 문자 도구〉를 사용해 'SALE'이라는 텍스트를 입력하고, 해당 내용을 선택 영역으로 만든 상태입니다. 이후 상단 메뉴에서 [선택–수정]에 있는 5가지 하위 메뉴를 선택하면 선택 영역이 어떻게 변형되는지 알아보겠습니다.

> **TIP** 입력한 텍스트를 선택 영역으로 만들 때는 레이어 패널에서 `Ctrl`을 누른 채 해당 레이어의 섬네일을 클릭하면 됩니다.

테두리 만들기

상단 메뉴에서 [선택–수정–테두리]를 선택하면 나타나는 선택 영역 테두리 만들기 창에서 **폭: 20픽셀**로 설정해 봅니다. 기존 선택 영역을 기준으로 안쪽으로 10픽셀, 바깥쪽으로 10픽셀 크기의 테두리 형태로 선택 영역이 적용됩니다. 새 레이어를 추가하고 선택 영역에 다른 색상을 채우면 테두리 효과를 연출할 수 있습니다.

TIP 선택 영역에 전경색을 채울 때는 Alt + Delete, 배경색을 채울 때는 Ctrl + Delete 를 누르면 됩니다.

매끄럽게 만들기

상단 메뉴에서 [선택 – 수정 – 매끄럽게]를 선택하면 나타나는 선택 영역 매끄럽게 만들기 창에서 **샘플 반경** 옵션 값이 클수록 선택 영역에서 각진 모서리를 둥글게 만들어 줍니다. 새 레이어를 추가하고 모서리를 둥글게 수정한 선택 영역에 색을 채우면 다음과 같이 부드러운 느낌의 결과를 얻을 수 있습니다.

TIP 결과 화면은 [레이어] 패널에서 기존 텍스트 레이어의 눈 아이콘을 끄고, 새 레이어만 표시한 상태입니다.

확대/축소하기

상단 메뉴에서 [선택 – 수정 – 확대]를 선택하면 나타나는 선택 영역 확대 창에서 지정한 **확대량**만큼 바깥쪽으로 선택 영역이 넓어지며, 상단 메뉴에서 [선택 – 수정 – 축소]를 선택하면 나타나는 선택 영역 축소 창에서 지정한 **축소량**만큼 선택 영역이 안쪽으로 축소됩니다.

⌃ 선택 영역 확대

⌃ 선택 영역 축소

페더 처리하기

상단 메뉴에서 [선택 – 수정 – 페더]를 선택하면 나타나는 선택 영역 페더 창에서 지정한 **페더 반경** 수치가 클수록 번지는 느낌으로 선택 영역이 만들어집니다. 아래 예시는 텍스트 선택 영역에 페더를 적용한 후 새 레이어를 만들어 색을 채운 결과입니다.

TIP 선택 영역 안쪽에서 마우스를 우클릭하고 팝업 메뉴에서 [페더]를 선택해도 동일한 기능을 사용할 수 있습니다.

LESSON

03 이미지 자유롭게 변형하기

1분 실습 자유 변형 기능

포토샵의 자유 변형(Free Transform) 기능을 알아봅니다. 이미지 크기를 조절하거나 회전시키는 것은 기본이고, 사용하기에 따라 다양한 형태로 변형할 수 있습니다. 이 기능을 사용할 일이 있을까 싶겠지만 매우 자주 사용하는 기능으로, 사진과 같은 이미지에 다른 사진을 합성할 때 그 진가를 발휘합니다. 예제을 불러온 후 다음과 같은 실습을 통해 기능을 확인해 보세요.

01 카메라.jpg 예제 파일을 불러온 후 레이어 패널에서 [자물쇠] 아이콘🔒을 클릭하여 잠금을 해제합니다. 자유 변형 기능을 사용하기 위해 상단 메뉴에서 [편집−자유 변형]을 선택하거나 단축키 Ctrl + T 를 누릅니다.

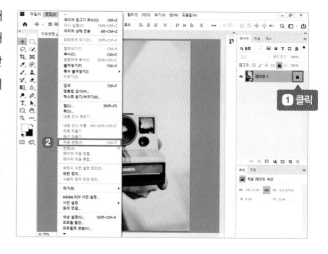

> **TIP** 예제 파일을 불러오면 기본 레이어를 배경으로 간주해 자물쇠가 채워져 있습니다. 이럴 때는 [자물쇠] 아이콘을 클릭하여 자물쇠를 해제해야만 자유 변형 기능을 사용할 수 있습니다. 또한 Ctrl + T 는 포토샵에서 가장 많이 사용하는 단축키로 반드시 외워 두세요.

02 자유 변형 모드가 되면 조절점이 생깁니다. 이 상태에서 Alt 를 누른 채 모서리의 조절점을 클릭&드래그 하면 가로/세로 비율을 유지하면서, 이미지 중앙을 기준으로 크기를 조절할 수 있고, Shift 를 누른 채 조절점을 클릭&드래그 하면 가로/세로 비율을 무시하고 크기를 조절할 수 있습니다.

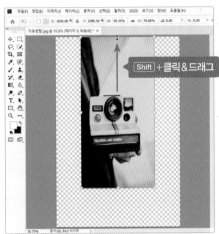

TIP 예전 버전에서는 자유 변형 모드에서 실행 취소 기능(Ctrl + Z)이 적용되지 않았습니다. 그러므로 수정한 내용을 취소하고 싶으면 Enter 를 눌러 현재 변형을 적용한 후 Ctrl + Z 를 눌러 방금 적용한 자유 변형을 취소해야 했습니다. 하지만 최신 버전에서는 자유 변형 모드에서도 실행 취소 기능이 적용됩니다.

03 조절점 바깥쪽으로 마우스 커서를 가져다 대면 회전을 표현하는 모양으로 커서가 바뀝니다. 이 상태에서 클릭&드래그 하면 사진을 회전시킬 수 있으며, Shift 를 누른 채 클릭&드래그 하면 15도 간격으로 회전시킬 수 있습니다. 또한 상단 옵션 패널에 직접 수치를 입력해서 회전시킬 수도 있습니다. 모든 변형이 끝나면 Enter 를 눌러 변형된 내용을 적용합니다.

회전 옵션

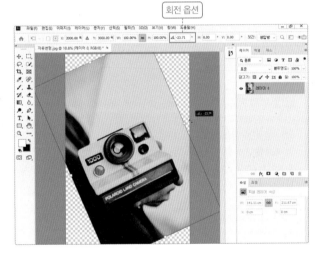

자유 변형의 다양한 보조 메뉴 살펴보기

자유 변형 모드에서 이미지 안쪽을 마우스로 우클릭하면 다음과 같이 다양한 변형 메뉴가 나타납니다. 각 메뉴를 선택하여 기능을 적용할 수 있습니다.

- **기울이기**: 모서리의 조절점을 [클릭&드래그]하여 기울기를 조절할 수 있으며, 변에 있는 조절점을 [클릭&드래그]하면 간단하게 평행사변형을 만들 수 있습니다. 조절점에 따라 수평/수직으로만 움직일 수 있습니다.
- **왜곡**: [기울이기]와 비슷하지만 수직/수평에 제한 없이 각 모서리의 조절점을 자유롭게 움직일 수 있습니다.

︿ 기울이기

︿ 왜곡

- **원근:** 모서리의 조절점을 `클릭&드래그`하면 드래그한 방향에 따라 반대쪽 조절점도 함께 조절되어 원근감을 표현할 수 있습니다. 장소 사진에 다른 사진을 합성할 때 활용하면 좋습니다.

- **뒤틀기:** 이미지 외각에 표시된 커브 조절점을 이용하여 이미지를 좀 더 자유롭게 변형할 수 있습니다. 또한 이미지 내부를 `클릭&드래그`하여 변형할 수 있으며, 이는 펄럭이는 깃발 등을 표현할 때 유리합니다.

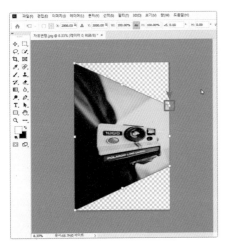
∧ 원근

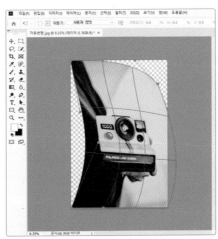
∧ 뒤틀기

- **가로로 뒤집기:** 이미지를 좌우로 반전합니다.

- **세로로 뒤집기:** 이미지를 상하로 반전합니다.

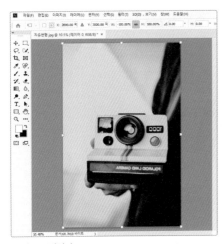
∧ 가로로 뒤집기

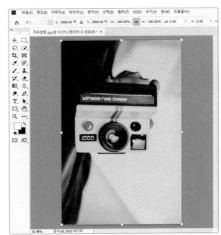
∧ 세로로 뒤집기

TIP **내용 인식 비율 기능으로 왜곡 없는 와이드 사진 만들기**

포토샵 작업을 진행하다 보면, 예를 들어 아래처럼 가로 여백을 채워서 와이드 사진을 만들려고 할 때와 같이 소스의 원본 비율과는 다른 비율로 작업해야 할 때가 생깁니다. 이럴 때 내용 인식 비율 기능을 사용하면 자유 변형 기능을 사용할 때에 비해 비교적 자연스럽게 사진을 늘릴 수 있습니다.

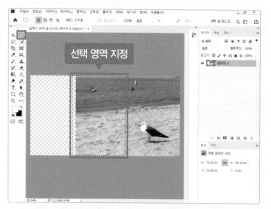 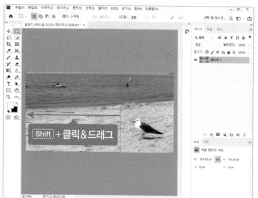

위와 같이 이미지의 왼쪽 부분을 선택 영역으로 만들고 자유 변형 기능과 내용 인식 비율 기능을 각각 적용해 봅니다. 그리고 [Shift] 를 누른 채 조절점을 클릭&드래그하여 강제로 늘려 여백을 채우면 다음과 같은 결과를 얻을 수 있습니다.

⌃ 자유 변형(위), 내용 인식 비율(아래)

얼핏 보면 큰 차이가 없어 보입니다. 하지만 자세히 보면 [자유 변형] 기능으로 늘린 위쪽 이미지는 전체적으로 픽셀이 늘어나 튜브를 탄 사람이 비정상적으로 길게 표현된 것을 확인할 수 있습니다. 반면 아래쪽 [내용 인식 비율] 기능을 이용한 결과는 좀 더 자연스러운 결과를 확인할 수 있습니다.

• **자유 변형:** 상단 메뉴에서 [편집 – 자유 변형], 단축키 [Ctrl] + [T]
• **내용 인식 비율:** 상단 메뉴에서 [편집 – 내용 인식 비율], 단축키 [Alt] + [Shift] + [Ctrl] + [C]

▶ **내용 인식 비율**

04 곡선, 레벨 기능으로 밝기 보정하기

이미지를 화사하게 보정하는 곡선

곡선(Curves) 기능을 이용하면 사진을 좀 더 화사하게 만들거나 대비를 높게 만들 수 있습니다. 자주 사용하는 기능이므로 단축키와 기본 기능을 꼭 외워 두세요. 상단 메뉴에서 [이미지−조정−곡선]을 선택하거나 단축키 Ctrl + M 을 누르면 다음과 같은 곡선 창이 열리며, 직선으로 표현된 커브 곡선을 클릭&드래그 하여 이미지를 보정할 수 있습니다.

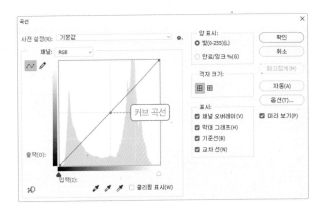

커브 곡선을 클릭&드래그 해서 위쪽으로 향하게 조정하면 이미지가 밝아지고, 아래로 향하게 조정하면 이미지가 어두워집니다. 또한 곡선 창에서 [자동]을 클릭하면 자동으로 곡선이 조정되어 이미지가 보정됩니다.

☆ 곡선이 위로 향할 때

☆ 곡선이 아래로 향할 때

☆ 자동으로 보정된 이미지

[자동] 버튼을 이용한 보정이 무조건 보기 좋은 것은 아닙니다. 그러므로 원하는 느낌에 맞게 직접 보정하는 걸 추천합니다. 커브 곡선에서 임의의 지점을 클릭하면 조절점이 생기고 클릭&드래그 해서 곡선을 만들 수 있습니다. 다음과 같이 조절점을 두 개 추가하여 S자 형태로 곡선을 만들면 밝은 부분은 더 밝고, 어두운 부분은 더 어둡게 보정되어 대비 차가 확실한 이미지를 만들 수 있습니다.

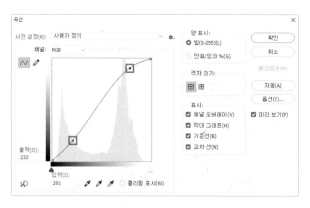 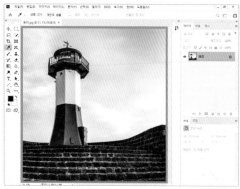

🖋 색상 톤에 따라 구분하여 보정하는 레벨

레벨(Levels) 기능은 상단 메뉴에서 [이미지 – 조정 – 레벨]을 선택하거나 단축키 Ctrl + L 을 눌러 사용합니다. 다음과 같은 레벨 창이 열리면 **입력 레벨** 그래프를 중점적으로 살펴보세요. 그래프의 왼쪽부터 어두운 톤, 중간 톤, 밝은 톤 영역을 시각적으로 나타냅니다.

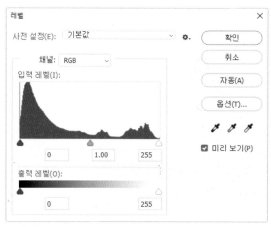 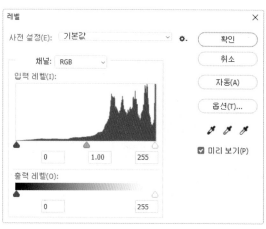

︿ 어두운 이미지의 입력 레벨 그래프 　　　　　　︿ 밝은 이미지의 입력 레벨 그래프

앞서 두 개의 레벨 창에서 입력 레벨 그래프를 보면 전체적으로 어두운 이미지는 입력 레벨 그래프에서 어두운 톤 수치가 높은 걸 확인할 수 있습니다. 반면 전체적으로 밝은 이미지의 입력 레벨 그래프에서는 중간 톤과 밝은 톤 수치가 높은 걸 확인할 수 있습니다. **등대.jpg** 예제 파일을 열고 다음과 같이 입력 레벨 그래프에서 각 톤의 수치를 변경하여 이미지의 변화를 살펴보세요.

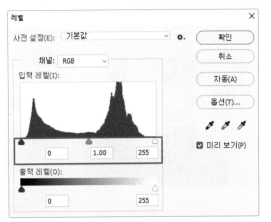

≈ 기본값

위 기본값을 기준으로 오른쪽 끝에 있는 밝은 톤 조절바를 왼쪽으로 드래그하면 사진 속 밝은 영역이 더 밝게 바뀌고, 왼쪽 끝에 있는 어두운 톤 조절바를 오른쪽으로 드래그하면 사진 속 어두운 톤이 더욱 어두워집니다. 즉, 아래와 같이 어두운 톤 조절바를 오른쪽으로, 밝은 톤 조절바를 왼쪽으로 드래그하면 밝은 부분은 더욱 밝게, 어두운 부분은 더 어둡게 보정하여 대비가 큰 사진을 완성할 수 있습니다.

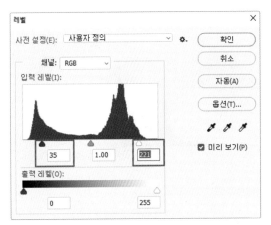

LESSON
05 이미지 색상 변경하기

자연스러운 원색 강조, 활기

자연스럽게 원색을 강조하는 보정에는 활기(Vibrance) 기능을 사용합니다. 상단 메뉴에서 [이미지 – 조정 – 활기]를 선택하면 활기 창이 열립니다.

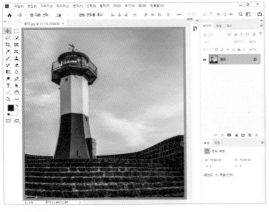

⌃ 보정 전

⌃ 보정 후

위와 같이 활기 창에서 **활기** 수치를 올리면 자연스럽게 원색이 강조됩니다. **채도** 수치 또한 함께 올리면 이미지 전체적으로 채도가 눈에 띄게 높아집니다. **미리 보기**에 체크를 끄고 켜면서 보정 전후를 비교할 수 있으며, 보정이 완료되면 [확인]을 클릭합니다.

영역에 따라 보정하는 색상 균형

색상 균형(Color Balance)은 색감의 어두운 영역, 중간 영역, 밝은 영역을 지정하고 색 톤을 변경할 수 있습니다. 상단 메뉴에서 [이미지-조정-색상 균형]을 선택하면 색상 균형 창이 열립니다. 색조 균형 영역은 기본값인 **중간 영역**으로 두고 다음과 같이 색상 균형의 옵션 값을 변형했을 때 이미지의 변화를 살펴보세요.

⌃ 녹청을 강조

⌃ 빨강을 강조

⌃ 마젠타를 강조

⌄ 녹색을 강조

⌄ 노랑을 강조

⌄ 파랑을 강조

색조와 채도를 변형하는 색조/채도

색조/채도(Hue/Saturation)는 색상을 선택한 후 해당 색상의 색조와 채도를 변경할 때 사용할 수 있는 기능입니다. 상단 메뉴에서 [이미지 – 조정 – 색조/채도]를 선택하면 색조/채도 창이 열리며, 단축키 Ctrl + U 도 외워 두시길 추천합니다.

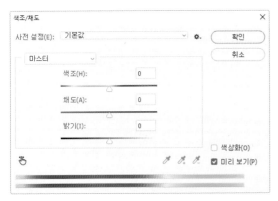

색조/채도 창에서 **마스터**는 전체 색감을 변경할 때의 옵션이며, 해당 옵션을 클릭하여 변경할 색감을 선택할 수 있습니다. 예를 들어 **녹색 계열**로 설정한 후 **색조: 87, 채도: 45**로 변경하면 등대의 초록색 영역이 남색 계열로 변경된 걸 확인할 수 있습니다.

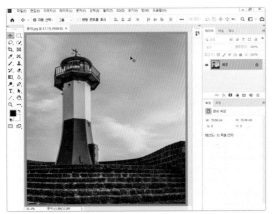
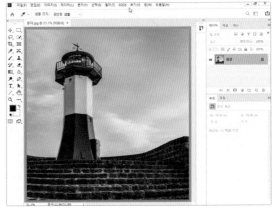

∧ 원본 이미지와 녹색 계열을 보정한 이미지

사진의 밝기를 보정하는 어두운 영역/밝은 영역

어두운 영역/밝은 영역(Shadows/Highlight)은 밤에 찍어 어두운 사진이나 어두운 실내 사진을 보정할 때, 반대로 사진의 노출이 과해 하얗게 날아간 사진을 보정할 때 사용하기 편리한 기능입니다. 상단 메뉴에서 [이미지 – 조정 – 어두운 영역/밝은 영역]을 선택하면 어두운 영역/밝은 영역 창이 나타납니다.

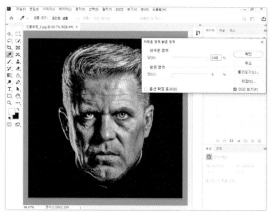

∧ 어두운 영역 양 값을 높일 때   ∧ 밝은 영역 양 값을 높일 때

위와 같이 어두운 영역 양 값을 올리면 어두운 영역이 밝아집니다. 검은색으로 보이는 부분을 살리긴 어렵지만, 어둡게 찍힌 영역을 어느정도 밝게 개선할 수 있다는 점을 기억하면 됩니다. 반대로 밝은 영역 양 값을 올리면 밝은 영역이 어두워집니다.

 밤에 찍은 인물 사진 보정

TIP 조정 레이어로 색상 보정하기

앞서 설명한 다양한 보정 창 이외에 조정 레이어를 이용하면 이미지 원본을 변형하지 않은 채 색 보정을 할 수 있고, 언제든지 옵션 값을 수정할 수 있습니다. 조정 레이어를 사용하려면 조정 패널에 있는 아이콘을 클릭하거나 레이어 패널에서 하단에 있는 네 번째 아이콘인 [새 칠 또는 조정 레이어] 아이콘 을 클릭한 후 메뉴에서 선택하면 됩니다.

∧ 조정 패널의 조정 레이어 아이콘

레이어 패널의 조정 레이어 메뉴 ≫

조정 레이어는 해당 레이어 아래쪽에 있는 모든 레이어에 영향을 미칩니다. 우선 임의의 실습 파일(파스타.jpg)을 준비한 후 조정 패널 또는 레이어 패널에서 사용할 조정 레이어를 선택합니다. 적용한 조정 레이어에 따라 속성 패널에 있는 옵션 값들이 조정하면 됩니다.

⌃ 보정 전후 이미지

위의 예시는 사진에 붉은 기운이 많아 [색상 균형] 조정 레이어를 추가하여 **녹청: −20, 녹색: +22, 파랑: +28**로 보정한 후 다시 [곡선] 조정 레이어를 추가하여 사진의 밝은 부분은 밝게, 어두운 부분은 어둡게 S곡선을 만들었습니다.

TIP 레이어 패널에서 조정 레이어의 눈을 끄면 보정 효과 없이 원본을 확인할 수 있으며, 조정 레이어의 아이콘 부분을 더블 클릭하면 바로 속성 패널을 확인하고 수정할 수 있습니다.

LESSON

06 이미지를 선명하게 혹은 흐리게

 좀 더 보기 좋게, 선명 효과

포토샵의 선명 효과 기능으로 흐릿한 사진을 좀 더 또렷하게 수정할 수 있습니다. 지나치게 흐리거나 뭉게진 사진이라면 포토샵 선명 효과로는 개선할 수 없습니다. 그러므로 잘 나온 음식 사진을 좀 더 생동감 있고, 먹음직스럽게 표현하고자 하는 정도로 사용하면 좋습니다. 즉, SNS 등에 홍보할 때 조금 더 보기 좋게 만들어 주는 효과라고 생각하면 좋겠습니다. 상단 메뉴에서 [필터-선명 효과-언샵 마스크]를 선택하면 언샵 마스크 창이 열립니다.

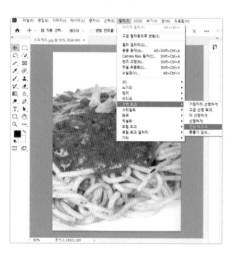 

언샵 마스크 창에서 **양** 수치와 **반경** 수치를 높이면 이미지가 점점 진해지고 또렷해집니다. 단 지나치게 높게 설정하면 오히려 보기에 좋지 않을 수 있으니 수치를 조금씩 늘려가면서 이미지를 확인합니다. **한계값** 수치는 높을수록 원본에 가깝게 바뀌기 때문에 **양**과 **반경** 수치만 조절해도 충분합니다. **미리 보기**에 체크한 상태로 수치를 변경하면 캔버스에서 변화를 실시간으로 확인할 수 있어 편리합니다.

배경에 적용하면 좋은 흐림 효과

사진 전체적으로 흐림 효과를 적용하여 배경으로 사용하면 효과적입니다. 그렇게 만든 흐린 배경 위에 텍스트나 다른 이미지를 배치할 수 있어요. 인물과 배경을 분리해 인물을 돋보이게 만들 수도 있고, 노출되면 곤란한 정보나 지나가는 행인들의 얼굴을 부분적으로 흐릿하게 만드는 데도 사용하는 등 다방면에 활용도가 높은 기능입니다.

가우시안 흐림 효과

다양한 흐림 효과 중 대표적인 기능으로 [필터-흐림 효과-가우시안 흐림 효과]를 선택해서 사용할 수 있습니다. 가우시안 흐림 효과 창이 열리면 **반경** 수치를 조정하면 되는데, 수치가 커질수록 사진이 흐려집니다.

흐림 효과 갤러리

기존의 흐림 효과와는 다르게 다양한 스타일의 흐림 효과를 적용할 수 있습니다. [필터-흐림 효과 갤러리] 메뉴를 선택해 보면 하위로 다섯 가지 흐림 효과가 있습니다. 각 효과는 다음과 같습니다.

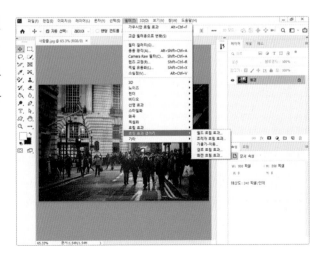

- **필드 흐림 효과**: 이미지 전체에 흐림 효과를 적용합니다. 화면 가운데 있는 흐림 효과 미리 보기 링에서 흰 부분을 클릭&드래그 하여 흰색이 많아질수록 흐림 효과가 강해집니다.
- **조리개 흐림 효과**: 흐림 효과 미리 보기 링 중앙을 클릭&드래그 해서 적용할 위치를, 흰색 부분을 클릭&드래그 해서 흐림 효과 정도를 조절할 수 있습니다. 또한 바깥쪽 큰 원에 있는 파란색 조절점을 클릭&드래그 하면 흐림 효과 적용 범위를 조절할 수 있습니다.

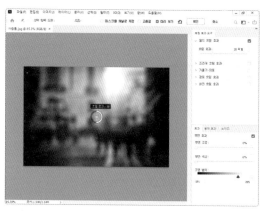

∧ 필드 흐림 효과

∧ 조리개 흐림 효과

- **기울기-이동**: 기준선의 위/아래를 흐리게 만들어 주는 기능입니다. 흐림 효과 미리 보기 링 중앙을 클릭&드래그 하여 위치를, 점선을 클릭&드래그 하여 범위를, 직선에 있는 파란색 조절점을 클릭&드래그 하여 기울기를 조절할 수 있으며, 흐림 효과 미리 보기 링의 흰색을 클릭&드래그 하여 효과 정도를 조절할 수 있습니다.
- **경로 흐림 효과**: 화살표 방향으로 흐림 효과를 만들 수 있는 기능입니다. 화살표의 양쪽 조절점을 클릭&드래그 하여 흐림 효과 방향을 변경할 수 있으며, 빈 공간을 클릭하여 화살표를 추가할 수도 있습니다.

∧ 기울기-이동

∧ 경로 흐림 효과

- **중심 흐림 효과**: 원형으로 회전하는 흐림 효과를 만드는 기능입니다. 흐림 효과 미리 보기 링을 클릭&드래그 하여 크기를 조절할 수 있습니다.

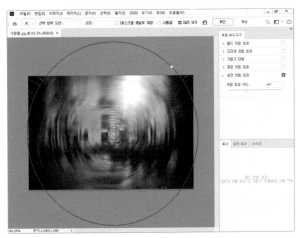

︿ 중심 흐림 효과

TIP 각 효과마다 보정을 마친 후에는 상단 옵션 패널에서 [확인]을 클릭하여 적용하거나 [취소]를 클릭하여 처음 상태로 되돌아갑니다.

07 컬러 이미지를 흑백으로 보정하기

포토샵을 이용해 컬러 이미지를 흑백 이미지로 바꿀 수 있는 방법은 여러 가지가 있습니다. 다음 예제 파일 (장미.jpg)이 각 방법에 따라 어떻게 변경되는지 살펴보세요.

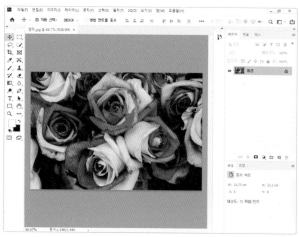

△ 원본 이미지

- **색조/채도 창 이용하기**: 상단 메뉴에서 [이미지-조정-색조/채도]를 선택한 후 색조/채도 창에서 **채도: -100**으로 설정합니다.

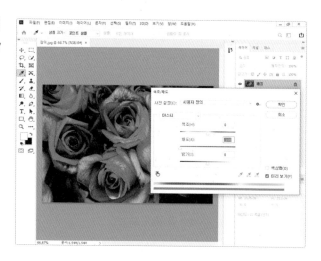

- **흑백 창 이용하기**: 상단 메뉴에서 [이미지-조정-흑백]을 선택하면 바로 흑백 이미지로 바뀌며, [확인]을 클릭해 적용합니다. 흑백 창에서 **색조** 옵션에 체크한 후 원하는 색을 지정하면 모노톤 이미지를 만들 수도 있습니다.

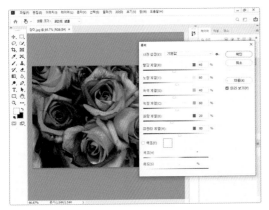
⌃ 흑백 이미지

⌃ 모노톤 이미지

- **조정 레이어 활용하기**: 레이어 패널에서 [조정 레이어] 아이콘◉을 클릭한 후 [흑백]을 선택합니다. 선택 중인 레이어 위에 [흑백] 조정 레이어가 생기면서 바로 흑백으로 바뀝니다. [흑백] 조정 레이어를 적용한 후 속성 패널에서 **색조**에 체크하고 색상을 지정하여 모노톤 이미지를 만들 수 있습니다.

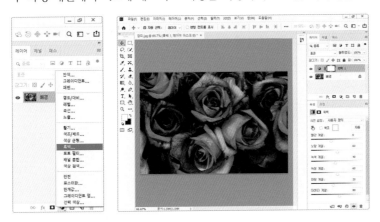

LESSON

08 배경 지우기

 배경 지우기가 쉬운 이미지와 어려운 이미지

포토샵에서 이미지를 편집할 때면 사진 속 인물이나 물건의 배경을 지워야 하는 상황이 빈번히 발생합니다. 실무에서는 이런 배경 제거 작업을 '누끼따기', '누끼딴다'라고 표현합니다. 누끼는 '뺌', 또는 '빼다'라는 일본어의 음차 표현으로 여전히 사용되지만 순화해야 할 표현입니다. 이런 배경 제거 작업을 할 때 영화 포스터나 광고 이미지에 사용될 대형 이미지라면 머리카락 한 올까지 섬세하게 작업하지만 상대적으로 이미지가 작은 웹 배너나 동영상에 사용할 이미지라면 비교적 단순하게 작업하는 게 효과적일 수 있습니다. 배경 제거 방법을 알아보기 전에 어떤 이미지가 작업하기 쉬운지 간단히 살펴보겠습니다.

포토샵 기본 기능으로 배경 지우기 쉬운 사례

- 인물 그림자 없이 깔끔한 단색 배경 　사례 1, 3
- 인물과 배경색이 명확한 선이나 색감으로 구분되는 사진 　사례 1, 2, 3
- 배경이 복잡해도 인물에만 초점이 또렷하게 잡힌 사진 　사례 2

 배경 지우기 완전 정복

≪ 사례 1

≪ 사례 2

≪ 사례 3

펜 도구 또는 레이어 마스크 등을 사용해야 하는 사례

- 인물과 배경의 색감이 유사해 부분적으로 경계가 모호한 사진 `사례 4, 5, 6`
- 배경이 복잡한 사진 `사례 6`
- 빛에 반사된 머리카락 `사례 7`
- 파마머리 `사례 7`

△ 사례 4

△ 사례 5

△ 사례 6

△ 사례 7

위 사례 이외에도 기본 기능으로 배경 제거가 어렵거나 배경을 제거하고 사용하기에 적합하지 않은 사진으로는 해상도가 낮은 사진(해상도가 낮으면 인물 경계가 흐릿하게 보여 깔끔하게 제거하기 어려움), 셀카 모드 사진, 필터로 보정한 사진, 인물의 일부가 가려지거나 잘린 사진 등이 있습니다. 이어서 이미지의 크기(해상도), 사용 목적, 그리고 위에서 설명한 다양한 사례에 따라 배경 제거하는 방법을 실습해 보겠습니다.

〈배경 지우개 도구〉는 자동으로 비슷한 계열의 색상을 인식해 지울 때 사용하는 도구입니다. 단색처럼 깔끔한 배경을 지우는 데 효과적이며, 옵션 패널에 있는 **허용치** 수치를 잘 조절하면 머리카락 같이 섬세한 부분도 보기 좋게 작업할 수 있습니다. 간단히 실습을 진행해 보겠습니다.

01 예제 파일 중 인물사진 (5).jpg를 불러옵니다. 도구 패널에서 〈지우개 도구〉🖉의 하위 도구인 〈배경 지우개 도구〉🖌를 선택합니다. 옵션 패널에서 [샘플링: 배경 색상 견본] 아이콘을 클릭해서 선택합니다. 현재 배경색으로 지정된 색상만 선택적으로 지울 수 있는 옵션입니다.

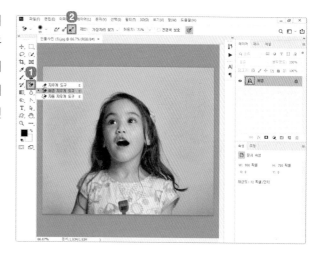

02 우선 전경색을 사진 속 선명한 노란색 배경으로 지정하기 위해 도구 패널에서 〈스포이드 도구〉🖊를 선택하고 노란색 배경을 클릭합니다. 전경색이 노란색으로 바뀐 것을 확인할 수 있습니다. 이어서 단축키 ⓧ를 누르거나 [전경색과 배경색 전환] 아이콘을 클릭해 노란색을 배경색으로 바꿉니다.

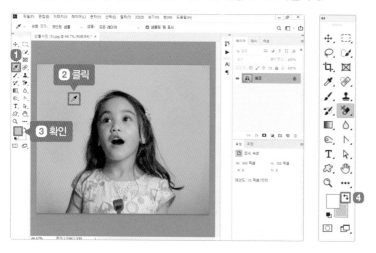

03 도구 패널에서 다시 〈배경 지우개 도구〉 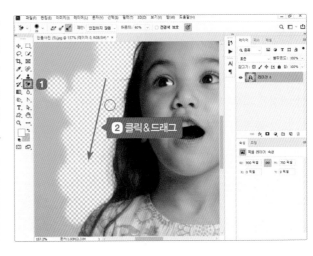를 선택하고 화면을 적당한 크기로 확대한 후 사진 속 노란색 배경을 클릭&드래그 하다가 점점 인물쪽까지 드래그해 보세요. 인물 부분은 지워지지 않고 배경색으로 설정한 노란색 계열만 지워지는 걸 확인할 수 있습니다.

> **TIP** 마우스 우클릭을 하면 지우개 도구의 크기를 변경할 수 있으며, 원 모양으로 크기가 표현됩니다. 만약 원 모양이 보이지 않고 +형태로 표시된다면 CapsLock 을 눌러 모양을 변경할 수 있습니다.

04 화면을 확대해서 머리카락 주변에 노란색이 남았는지 확인해 보고, 남아 있다면 옵션 패널에서 **허용치** 수치를 조절하면서 다시 머리카락 부분을 클릭&드래그 하여 배경을 깔끔하게 제거합니다.

> **TIP** 허용치 수치가 높을수록 지정한 배경색보다 더 광범위한 색이 제거되며, 낮을수록 거의 정확히 일치하는 색상만 제거됩니다.

> **TIP** 깔끔하게 지워진 배경 확인하기
>
> 배경을 지운 후에 얼핏 보면 깔끔하게 지워진 것처럼 보입니다. 하지만 정말 깔끔하게 제거된 것인지 육안으로 확인하기는 쉽지 않습니다. 이럴 때는 새로운 레이어를 추가하여 기존의 배경색과 확연하게 대비되는 색(예제에서는 파란색)으로 채우고, 인물이 있는 레이어 아래쪽에 배치해 보세요.
>
> 기존 배경색과 확연하게 구분된 배경을 아래쪽에 배치함으로써 다음과 같이 미세하게 남은 기존 배경색을 확인할 수 있습니다.
>
> 〈배경 지우개 도구〉의 크기는 줄이고, **허용치** 수치는 높인 후 머리카락 외곽을 한 번 더 클릭&드래그하면 좀 더 깔끔하게 제거할 수 있습니다.

TIP 클릭 한방에 배경을 제거하는 자동 지우개 도구

〈배경 지우개 도구〉와 마찬가지로 〈지우개 도구〉의 하위 도구이며, 배경과 인물이 깔끔하게 분리된 이미지에서 사용하기 적합한 도구로 〈자동 지우개 도구〉가 있습니다. 다른 점이라면 지울 배경색을 별도로 지정할 필요도 없고, 지울 부분을 일일이 클릭&드래그할 필요도 없이 클릭 한방에 유사한 색상을 일괄 지울 수 있다는 것입니다.

예를 들어 아래와 같은 사진이 있다면 도구 패널에서 〈자동 지우개 도구〉를 선택한 후 삭제할 배경을 클릭하면 그대로 배경이 사라집니다. 이때 상단 옵션 패널에서 **인접**에 체크하면 왼쪽과 같이 경계로 구분되는 영역에서 유사한 색상이, **인접**에 체크를 해제하면 해당 레이어 내에서 유사한 모든 색상이 제거됩니다.

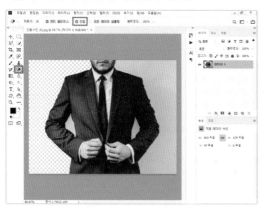

⌃ 인접 체크

⌃ 인접 해제

하지만 아래 사진처럼 배경이 복잡할 때는 깔끔하게 지우기 어렵고 옵션 패널에서 **허용치** 수치를 높이면 인물까지 지워질 수 있습니다. 이처럼 도구 패널에 있는 자동 기능은 이번 실습이나 위 사례처럼 깔끔한 단색 배경에서 사용하기 위한 기능이라고 생각하면 됩니다.

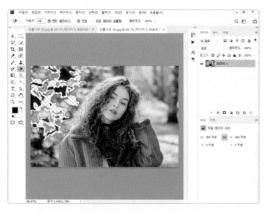

1분실습 복잡한 배경 제거하기: 레이어 마스크

작게 사용하여 엄청 섬세한 작업이 필요하지 않거나, 자동 기능으로 배경을 지우기 어렵다면 지울 부분을 직접 지정하는 것이 오히려 더 편할 수 있습니다. 〈브러시 도구〉와 레이어 마스크 기능을 이용한 배경 제거 방법을 실습해 보겠습니다.

01 예제 파일 중 인물사진 (1).jpg를 불러옵니다. 레이어 패널에서 배경 레이어의 자물쇠를 클릭하여 일반 레이어로 변환한 후 레이어 패널 하단에 있는 [레이어 마스크] 아이콘▣을 클릭해서 레이어 마스크를 추가합니다. 도구 패널에서 〈브러시 도구〉✎를 선택한 후 전경색은 검은색, 배경색은 흰색으로 설정합니다.

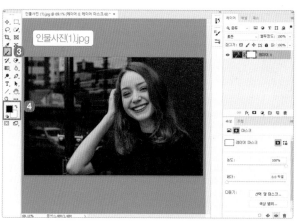

02 레이어 패널에서 마스크 섬네일이 선택되어 있는지 확인합니다. 이어서 캔버스에서 우클릭한 후 팝업 창에서 브러시 종류를 선명한 원, 크기: 53픽셀로 설정합니다. 이어서 대략적으로 인물 경계선을 따라 **클릭&드래그**합니다.

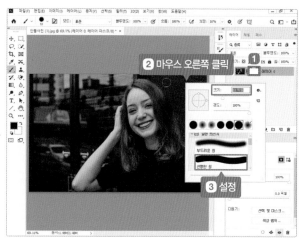

TIP 드래그 도중 인물 부분이 많이 지워졌다면 단축키 S를 눌러 전경색을 **흰색**으로 변경한 후 지워진 부분을 클릭&드래그하면 다시 채워집니다. 이어서 단축키 X를 눌러 전경색을 **검은색**으로 되돌린 후 작업을 계속하면 됩니다.

TIP 마우스로 작업할 때, 옵션 패널에서 **보정** 수치를 높이면 브러시로 클릭&드래그하는 속도가 느려집니다. 브러시가 떨려서 정확하게 작업하기 힘들 때 사용하면 효과적입니다.

03 계속해서 브러스 크기를 변경해 가면서 배경을 모두 지웁니다. 작업이 끝나면 선명한 원색으로 채워진 레이어를 아래쪽에 배치해서 수정할 곳이 있는지 확인합니다. 배경을 제거하기 전에 미리 원색 배경을 배치한 후 작업하면 좀 더 편리합니다.

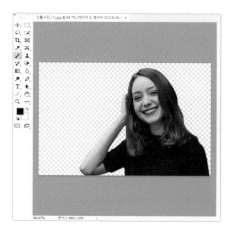 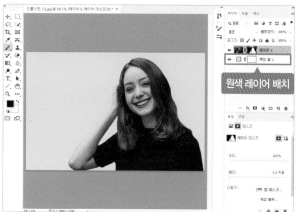

원색 레이어 배치

TIP 단축키 $[$ $]$를 눌러 브러시 크기를 빠르게 변경할 수 있습니다. 브러시로 일일이 지우다 보면 미세한 부분이 남을 수 있으니 배경으로 사용한 레이어의 색을 다양하게 바꾸면서 작업하면 좀 더 꼼꼼하게 제거할 수 있습니다.

TIP 태블릿 이용하기

태블릿을 사용 중이라면 필압이 있는 브러시를 사용해 배경을 지울 수 있습니다. 〈브러시 도구〉를 선택하고 상단 메뉴에서 [창-브러시 설정]을 선택해 브러시 설정 패널을 열고($F5$) [모양] 분류를 선택하면 **조절: 펜 압력**으로 설정하여 필압이 있는 브러시를 사용할 수 있습니다.

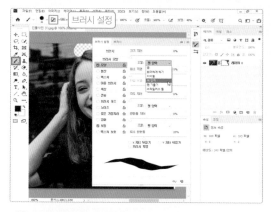

이후 브러시 종류를 **선명한 원 압력 크기**와 같이 '압력 크기'가 있는 것으로 선택하고 배경을 지워 보세요. 태블릿 펜을 누르는 힘의 강도에 따라 굵은 선, 가는 선으로 배경을 지울 수 있습니다. 이러한 태블릿 펜 사용은 어느 정도 숙련되도록 연습이 필요합니다.

이번 실습은 〈빠른 선택 도구〉와 그 옵션인 [선택 및 마스크] 기능을 이용합니다. 〈자동 지우개 도구〉와 유사하면서도 좀 더 섬세한 작업을 할 수 있습니다. 실습을 하면서 자세히 살펴보겠습니다.

01 예제 파일 중 인물사진 (9).jpg를 불러옵니다. 도구 패널에서 〈개체 선택 도구〉 ▣의 하위 도구인 〈빠른 선택 도구〉 ☑를 선택하고 인물 부분을 클릭&드래그 해서 선택 영역으로 만듭니다. 여기서 머리카락 등을 완벽하게 선택 영역을 만들긴 어렵습니다. 대략적으로 작업하세요. 그런 다음 옵션 패널에서 [선택 및 마스크]를 클릭합니다.

TIP 〈개체 선택 도구〉는 포토샵 2020에서 추가된 도구로, 2019 이하 버전에서는 〈빠른 선택 도구〉가 가장 상위 도구로 표시되어 있습니다.

02 선택 및 마스크 모드로 변경됩니다. 오른쪽 속성 패널에서 **보기: 오버레이**로 설정하면 선택 영역은 원색으로, 이외의 영역은 빨간색으로 표시됩니다.

03 도구 패널에서 두 번째 도구인 〈가장자리 다듬기 브러시 도구〉를 선택하고 머리카락 주변을 쓸어 주는 느낌으로 클릭&드래그 합니다. 불필요하게 선택 영역으로 지정된 배경이 빨간색으로 바뀌면서 머리카락만 섬세하게 선택 영역이 되는 걸 확인할 수 있습니다.

04 좀 더 명확한 구분을 위해 속성 패널에서 보기: 흑백으로 설정합니다. 흰색이 선택 영역입니다. 머리에 검은색이 침범해 있으므로 깔끔하게 선택 영역으로 수정하기 위해 첫 번째 도구인 〈빠른 선택 도구〉를 선택하고 조금씩 클릭&드래그 합니다.

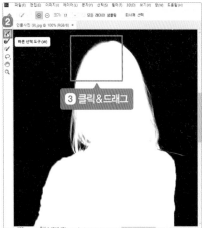

TIP 〈빠른 선택 도구〉로 클릭&드래그하면 선택 영역으로 만들어지고, Alt 를 누른 채 클릭&드래그하면 선택 영역에서 제외할 수 있습니다.

05 속성 패널의 전역 다듬기 영역에서 대비: 10%, 가장자리 이동: −10%로 설정합니다. 선택 영역을 안쪽으로 깎아 주고, 또렷하게 만들어 주는 설정입니다. 계속해서 출력 설정 영역을 펼친 후 출력 위치: 레이어 마스크가 있는 새 레이어로 설정한 후 [확인]을 클릭합니다.

> **TIP** 위와 같이 **출력 위치: 레이어 마스크가 있는 새 레이어**로 설정하면 이후 좀 더 편리하게 선택 영역을 수정할 수 있습니다.

06 선택 및 마스크 모드가 종료됩니다. 레이어 패널을 보면 처음 레이어는 눈 아이콘이 꺼진 상태로 원본(배경 레이어)이 보존되며, 레이어 마스크가 있는 새로운 레이어가 추가되어 있습니다. 원색의 배경을 깔아 작업 상태를 확인한 후 부족한 부분이 있다면 레이어 마스크를 선택하고 브러시를 이용해 부분적으로 수정합니다.

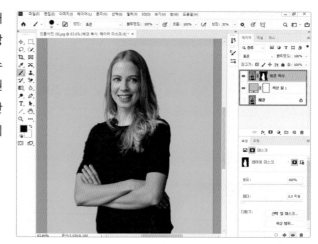

> **TIP** 레이어 마스크를 선택한 후 검은색 브러시로 클릭&드래그하면 선택 영역에서 제외할 수 있고, 흰색 브러시로 클릭&드래그하면 다시 선택 영역으로 만들 수 있습니다.

LESSON

09 인물 보정 그리고 포토샵 성형

1분 실습 얼굴 잡티 제거하기: 스팟 복구 브러시 도구

본인이나 다른 사람의 인물 사진을 디자인에 활용하려고 하면 눈에 거슬리는 것들이 있습니다. 바로 점, 잡티, 여드름, 번진 눈 화장, 잔 주름 등입니다. 이런 요소를 클릭 한방에 없앨 수 있는 기능이 있습니다.

스팟 복구 브러시 도구(Spot Healing Brush Tool)가 바로 그 기능입니다. 인물 피부 보정에서 빠지지 않는 중요한 기능으로 사용 방법은 매우 간단합니다.

01 예제 파일 중 인물보정_1.jpg를 불러옵니다. 도구 패널에서 〈스팟 복구 브러시 도구〉를 선택합니다. 화면에서 마우스 우클릭한 후 크기 옵션을 잡티 크기와 유사하게 조정합니다.

TIP 브러시 모양이 +로 보인다면 CapsLock 을 눌러 보세요. 브러시 크기에 따라 원형으로 표시됩니다.

02 이제 화면에서 점이나 잡티를 클릭하거나 짧게 클릭&드래그 하면 점이나 잡티가 감쪽같이 사라집니다.

포토샵으로 성형하기: 픽셀 유동화

포토샵에는 인물의 얼굴을 인식하여 티나지 않고 자연스럽게 성형시킬 수 있는 픽셀 유동화(Liquify)라는 기능이 있습니다. 증명 사진이나 몸매 등을 보정할 때 사용하면 편리합니다. 단, 과한 보정은 인체 골격을 해칠 수 있으므로 얼굴에 대칭이 많이 어긋난 경우 개선하는 용도로 사용하길 권장합니다. 상단 메뉴에서 [필터 – 픽셀 유동화]를 선택하면 픽셀 유동화 창이 열립니다(예제 파일: 인물보정_2.jpg).

 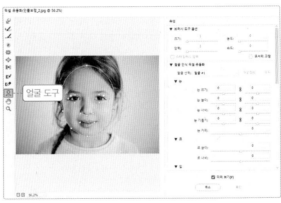

위와 같이 픽셀 유동화 창이 열리면 왼쪽 도구 패널에서 〈얼굴 도구〉를 선택한 후 인물의 얼굴로 마우스 커서를 가져가 보세요. 눈, 코, 입, 얼굴 모양 등이 자동으로 인식되는 것을 확인할 수 있으며, 각 지점에 표시된 조절점을 클릭&드래그 하여 자연스럽게 보정할 수 있습니다.

조절점을 이용해 보정할 때마다 오른쪽 속성 패널의 해당 옵션 수치가 변경됩니다. 즉 속성 패널에 있는 옵션 값을 직접 변경해도 되며, 처음으로 되돌릴 때는 [재설정] 버튼을 클릭하면 됩니다.

▶ 픽셀 유동화

✏ 매끈한 피부 만들기: Camera Raw 필터

Camera Raw 필터는 포토샵에 포함된 Raw 사진 파일 보정 플러그인입니다. 사진을 주로 다루는 전문가가 사용하는 Raw 파일 사진을 보정할 수 있는 필터지만, JPG와 같은 일반적인 이미지 파일도 보정할 수 있습니다.

상단 메뉴에서 [필터-Camera Raw 필터]를 선택하면 Camera Raw 필터 창이 열리고 오른쪽에 다양한 탭으로 구성된 패널이 표시됩니다. 세 번째에 있는 [세부] 탭을 클릭한 후 노이즈 감소 영역에서 **광도: 100**, **광도 세부 묘사: 9**로 설정해 보세요. 마치 유화로 그린 것처럼 피부가 매끈해지는 걸 확인할 수 있습니다(예제 파일: 인물보정_3.jpg).

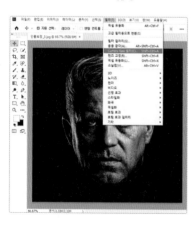

광도 옵션은 높을수록, **광도 세부 묘사** 옵션은 낮을수록 노이즈를 감소시켜 이미지를 부드럽게 처리하므로 사진에 따라 옵션을 조절하면 거친 피부를 매끄럽게 보정할 수 있으며, 위와 같이 극단적으로 보정하면 회화적인 느낌의 이미지를 만들 수 있습니다.

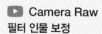

▶ Camera Raw
필터 인물 보정

PART II

믿고 따라 하는
쨘느의 SNS 콘텐츠 만들기

온라인에서 볼 수 있는 다양한 디자인 콘텐츠 예제를 따라 하면서 포토샵 기능을 익히게 됩니다.
온라인 마케팅에 사용되는 배너 및 웹 포스터 이미지, 디자인의 규칙성이 필요한 카드뉴스 제작하기,
유튜브와 블로그 운영에 필요한 스킨, 섬네일 등 실제로 활용할 수 있는 다양한 예제를 만들어 볼게요.

CHAPTER 01

페이스북, 인스타그램
홍보 콘텐츠

페이스북이나 인스타그램 등 SNS에서 가장 많이 쓰이는
콘텐츠 중 하나가 바로 카드뉴스입니다.
카드뉴스는 하나의 결과물 안에 낱장의 여러 작업이 포함되어 있습니다.
이런 작업은 포토샵의 아트보드 기능을 사용하면 편리합니다.
낱장의 결과를 작업할 때마다 새로운 작업 창을 만들 필요가 없으며,
낱장의 작업을 한눈에 보며 작업할 수도 있기 때문입니다.
아트보드에 관한 자세한 기능은 076쪽을 참고하세요.

01 정사각형 카드뉴스 만들기

동네 빵집을 소개하는 정사각형 카드뉴스를 제작하려고 합니다. 핵심 타깃을 2030 여성으로 가정하고, 핵심 타깃이 선호하는 동글동글한 글꼴과 핑크 색상을 활용합니다. 또한 디자인 소스로 빵집에서 판매 중인 다양한 간식 사진을 활용하겠습니다. 카드뉴스 커버를 만들고 본문 내용은 심플하게 사진과 홍보하고 싶은 SNS 주소(인스타그램 주소)만 입력합니다. 정사각형이라 페이스북은 물론 인스타그램에서도 활용할 수 있겠죠?

- **주요 기능:** 아트보드, 조정 레이어, 기준점 추가, 레이어 스타일
- **사용 글꼴:** 여기어때 잘난체(ygotjalnanfont)
- **크기:** 900×900픽셀
- **예제 파일:** 커버.jpg 케익1.jpg 케익2.jpg
- **완성 파일:** 정사각형 카드뉴스.psd

 동영상 강의

결과 미리 보기

카드뉴스 커버 배경 만들기

카드뉴스 커버에 사진을 사용할 때는 본문과 어울리는지 고려해야 합니다. 본문에 사용할 사진 이미지와 어울리도록 알록달록하면서 붉은 계열의 사진을 준비하고, 제목이 잘 보이도록 흰색 조정 레이어를 추가해 전체적인 색감을 낮추는 작업을 진행하겠습니다. 커버와 본문의 통일성을 위해 핑크색과 흰색이 겹쳐진 테두리도 적용합니다.

01 포토샵을 실행한 후 ❶ Ctrl + N을 눌러 새로 만들기 문서 창을 엽니다. 오른쪽 옵션에서 ❷ 폭: 900픽셀, 높이: 900픽셀, 아트보드 체크, 해상도: 72픽셀/인치로 설정한 후 ❸ [제작] 버튼을 클릭합니다.

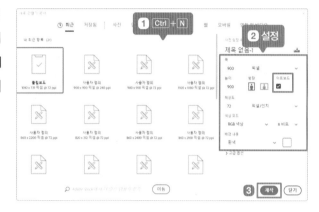

02 아트보드 작업 창에 [대지 1] 대지가 생성되면 예제 파일이 저장된 폴더를 열고 ❶ 커버.jpg 파일을 찾아 대지로 클릭&드래그 합니다. ❷ 조절점을 클릭&드래그 하여 사진이 대지에 꽉 차도록 배치한 후 Enter 를 눌러 적용합니다.

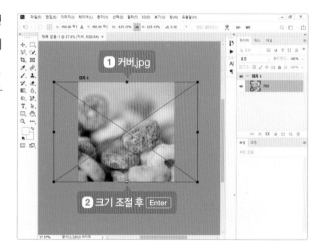

03 레이어 패널에서 ❶ [조정 레이어] 아이콘 🔘을 클릭한 후 ❷ [단색]을 선택합니다. 색상 피커 창이 열리면 ❸ **색상: #ffffff(흰색)**으로 설정하고 ❹ [확인]을 클릭합니다.

04 레이어 패널에서 ❶ 조정 레이어를 선택하고 ❷ **불투명도: 65%**로 변경합니다. 대지를 확인해 보면 흰색 조정 레이어 아래에 있는 사진 이미지가 은은하게 표현됩니다.

05 레이어 패널에서 ❶ [새 레이어] 아이콘 🔲을 클릭하여 새로운 레이어를 추가합니다. ❷ Ctrl + A 를 눌러 대지를 전체 선택하고 상단 메뉴에서 ❸ [편집 – 획]을 선택합니다. 획 창이 열리면 ❹ **폭: 55픽셀, 색상: #ffffff, 위치: 중앙**으로 설정하고 ❺ [확인]을 클릭합니다.

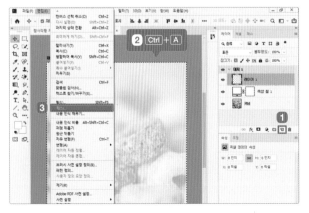

06 흰색 테두리가 생성되었습니다. 한 번 더 **1** [편집 - 획] 메뉴를 선택하여 획 창을 열고 **2** **폭: 50픽셀,** **색상: #ffc5e5(연핑크)**로 설정한 후 **3** [확인]을 클릭합니다. 바깥쪽에 연핑크 테두리가 표시되고, 안쪽으로 살짝 흰색 테두리가 보이는 이중 테두리가 완성되었습니다.

리본 모양의 포인트 영역 만들기

카피 문구를 입력할 포인트 영역을 디자인합니다. 도형을 추가한 후 변형해서 간단하게 핑크색 리본을 완성하고, 그 위에 제목을 보조해 줄 카피 문구를 입력하겠습니다.

01 도구 패널에서 ❶ 〈사각형 도구〉▢를 선택하고 상단 옵션 패널에서 ❷ **모양, 칠: #ff93cf(핑크), 획: 없음, W: 450픽셀, H: 100픽셀**로 설정합니다. ❸ 대지를 클릭하여 사각형 만들기 창이 열리면 옵션을 확인하고 그대로 ❹ [확인]을 클릭합니다.

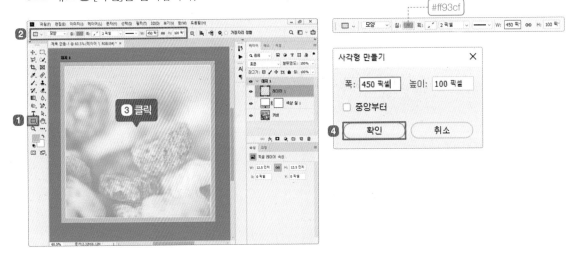

> **TIP** 옵션 패널에서 칠 또는 획 옵션을 클릭하면 팝업 창이 열리고, 여기서 오른쪽 위에 있는 [색상 피커] 아이콘▨을 클릭하면 색상 피커 창이 열려 원하는 색상을 선택할 수 있습니다.

02 클릭한 지점을 기준으로 설정한 옵션에 따라 핑크색 사각형이 그려집니다. ❶ 〈이동 도구〉⊕를 선택한 후 ❷ 사각형 안쪽을 [클릭&드래그]하면 사각형을 옮길 수 있습니다. 다음과 같이 상단 중앙에 배치합니다.

03 ❶ 레이어 패널에서 빈 공간을 클릭해 기존 레이어 선택을 해제합니다. 그런 다음 도구 패널에서 ❷ 〈사각형 도구〉□를 선택하고 옵션 패널에서 ❸ 모양, 칠: #fe6fbe, 획: 없음, W: 90픽셀, H: 100픽셀로 설정합니다. 처음 그린 ❹ 사각형 왼쪽 아래를 클릭한 후 사각형 만들기 창이 열리면 ❺ [확인]을 클릭합니다.

TIP 새로운 도형을 그리기 위해 옵션 패널 값을 변경할 때는 현재 레이어 선택을 해제해야 합니다. 그렇지 않으면 선택 중인 도형의 값이 변경됩니다.

04 진한 핑크색 사각형이 그려졌습니다. 도구 패널에서 〈펜 도구〉◿의 하위 도구인 ❶ 〈기준점 추가 도구〉◿를 선택한 후 ❷ 진한 핑크색 사각형 왼쪽 가운데 지점을 클릭해 포인트를 추가합니다.

TIP 도구 패널에서 〈펜 도구〉를 길게 누르면 〈기준점 추가 도구〉를 선택할 수 있습니다. 마찬가지로 다른 도구도 길게 누르면 하위 도구들이 표시되어 선택할 수 있습니다.

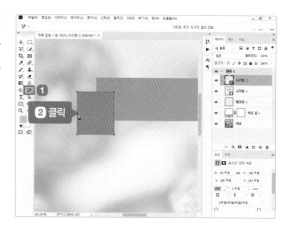

05 도구 패널에서 〈펜 도구〉◿의 하위 도구인 ❶ 〈기준점 변환 도구〉◿를 선택하고 앞서 추가한 ❷ 포인트를 클릭합니다. 처음 기준점을 추가했을 때 양쪽으로 표시되던 베지어가 사라집니다. 베지어가 있으면 해당 포인트가 곡선으로 표현되지만 없으면 직선으로 표현됩니다.

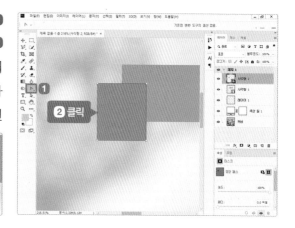

06 추가한 포인트만 선택된 상태에서 Shift 를 누른 채 →를 두 번 눌러 오른쪽으로 **20픽 셀** 옮깁니다.

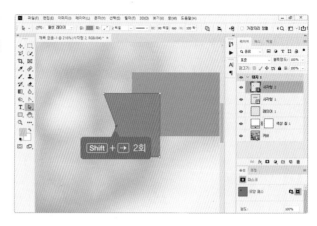

07 레이어 패널에서 ❶ 진한 핑크색 사각형 레이어를 긴 핑크색 사각형 아래로 옮깁니다. ❷ 레이어 패널 에서 맨 위에 있는 긴 핑크색 사각형 레이어를 선택한 후 ❸ [새 레이어] 아이콘ⓤ을 클릭하여 맨 위에 새로 운 레이어를 추가합니다. 도구 패널에서 〈올가미 도구〉 오의 하위 도구인 ❹ 〈다각형 올가미 도구〉 ⱴ를 선 택하고 리본이 접히는 모습을 표현하기 위해 ❺❻❼❽ 삼각형 모양을 순서대로 클릭해서 지정합니다.

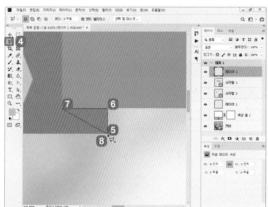

TIP [새 레이어] 아이콘을 클릭하면 현재 선택 중인 레 이어 위에 새로운 레이어가 추가됩니다.

TIP 〈다각형 올가미 도구〉를 사용할 때 모양 지정을 완료하려면 처음 시작한 지점을 다시 클릭하거나 Enter 를 누릅니다.

08 삼각형 선택 영역이 지정되면 도구 패널 에서 ❶ 전경색: #ff39a9로 설정하고 ❷ Alt +Delete 를 눌러 선택 영역에 전경색을 채웁 니다. 색이 채워지면 ❸ Ctrl+D를 눌러 선택 영역을 해제합니다.

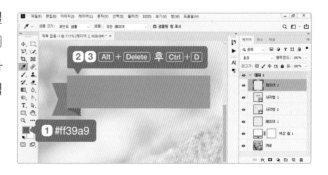

09 레이어 패널에서 **1** 접힌 부분을 표현하는 두 개의 레이어를 선택한 후 Ctrl+G를 눌러 그룹으로 묶고 **2** Ctrl+J를 눌러 그룹을 복제합니다. **3** Ctrl+T를 눌러 복제한 그룹 이미지를 자유 변형 모드로 전환하고, **4** 마우스 우클릭 후 **5** [가로로 뒤집기]를 선택합니다.

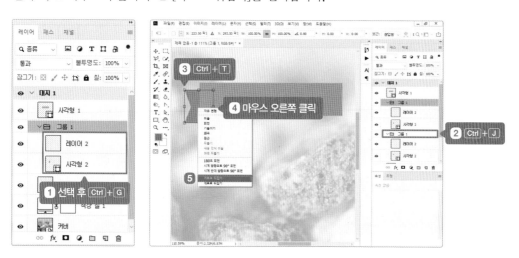

10 복제한 그룹의 이미지가 가로로 뒤집어지면 **1** Enter를 눌러 변형을 완료한 후 **2** 〈이동 도구〉를 선택하고 **3** 옵션 패널에서 **자동 선택: 그룹**으로 설정합니다. 가로로 뒤집어진 이미지를 **4** 클릭&드래그하여 오른쪽에 배치하면 리본이 완성됩니다.

TIP 이동 도구 사용 시 자동 선택 옵션

레이어 패널에서 레이어를 선택한 후 〈이동 도구〉로 위치를 옮기고자 할 때 간혹 다른 이미지가 이동될 때가 있습니다. 이럴 때는 옵션 패널을 확인해 보세요. 옵션 패널에서 **자동 선택** 옵션에 체크되어 있다면 레이어 패널에서 선택한 것과 상관없이 캔버스(대지)에서 클릭한 이미지를 옮길 수 있습니다. 반대로 체크가 해제되어 있다면 클릭 위치와 상관없이 선택 중인 레이어(그룹)를 옮길 수 있습니다.

11 도구 패널에서 ❶ 〈수평 문자 도구〉 T를 선택하고 옵션 패널에서 ❷ **글꼴: 여기어때 잘난체(ygotjalnanfont), 52pt, 색상: #ffffff**으로 설정합니다. ❸ Shift를 누른 채 대지에서 리본 위를 클릭하고 **빵순이들 모여라**를 입력한 후 ❹ Ctrl + Enter를 눌러 입력을 완료합니다.

> **TIP** 〈수평 문자 도구〉를 선택한 후 도형 위를 클릭하면 해당 도형 전체가 문자 영역이 되어 원하는 위치에 문자를 배치하기 어렵습니다. 그러므로 도형 위를 클릭할 때 Shift를 누른 채 클릭해야 도형과 별개로 텍스트 입력 영역을 생성할 수 있습니다.

12 텍스트를 입력한 후 레이어 패널에서 ❶ [레이어 스타일] 아이콘 fx을 클릭하고 ❷ [그림자]를 선택합니다. 레이어 스타일 창에서 ❸ **혼합 모드: 표준, 불투명도: 80%, 색상: #ff40aa, 각도: 90, 거리: 5px, 스프레드: 8%, 크기: 6px**로 설정하고 ❹ [확인]을 클릭하여 텍스트에 그림자를 설정합니다.

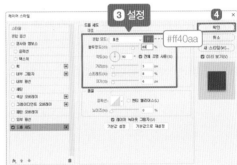

광택을 낸 듯한 제목 만들기

통통한 글꼴 제목에 레이어 스타일 중 경사와 엠보스 기능을 적용하면 텍스트에 반짝이는 하이라이트 효과를 추가하여 광택이 나는 것처럼 표현할 수 있습니다.

01 도구 패널에서 ❶ 〈수평 문자 도구〉 T 를 선택하고 ❷ 리본 아래쪽을 클릭하여 **동네빵집**을 입력하고 Ctrl + Enter 를 눌러 입력을 마칩니다. 옵션 패널에서 ❸ **글꼴: 여기어때 잘난체, 크기: 160pt, 색상: #ff3fab**으로 설정합니다. 속성 패널에서 ❹ **자간: −30%**로 변경합니다.

TIP 속성 패널이 보이지 않을 때 상단 메뉴에서 [창−속성]을 선택하면 표시됩니다.

02 레이어 패널에서 ❶ [레이어 스타일] 아이콘 _fx_ 을 클릭한 후 ❷ [경사와 엠보스]를 선택합니다. 레이어 스타일 창에서 ❸ **스타일: 내부 경사, 기법: 매끄럽게, 깊이: 56%, 방향: 위로, 크기: 5px, 부드럽게: 1px, 각도: 14, 높이: 79**로 설정합니다.

03 계속해서 왼쪽 스타일 종류에서 ❶ [외부 광선]을 클릭하고 ❷ 혼합 모드: 표준, 불투명도: 100%, 노이즈: 0%, 색상: #ffffff, 기법: 더 부드럽게, 스프레드: 15%, 크기: 10px로 설정하고 ❸ [확인]을 클릭합니다.

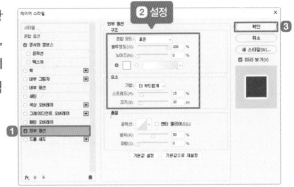

04 상단 메뉴에서 ❶ [창–모양]을 선택해서 모양 패널을 엽니다. 모양 패널이 열리면 ❷ 오른쪽 위에 있는 [메뉴] 아이콘을 클릭한 후 ❸ [레거시 모양 및 기타]를 선택해서 모양 패널 하위 목록에 [레거시 모양 및 기타]를 추가합니다. ❹ [모든 레거시 기본 모양–레거시 기본 모양]을 클릭해서 다양한 모양을 확인합니다.

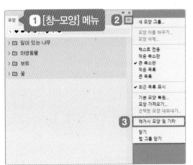

TIP 포토샵 2020 업데이트 이후 〈사용자 정의 모양 도구〉로 그릴 수 있는 다양한 모양이 기본 옵션에서 사라졌습니다. 그러므로 하트, 말풍선 등 기본 모양을 사용하기 위해 이번 과정을 실행해 놓는 것이 좋습니다.

05 도구 패널에서 〈사각형 도구〉▢의 하위 도구인 ❶ 〈사용자 정의 모양 도구〉⬚를 선택합니다. 옵션 패널에서 ❷ 모양, 칠: #fe6fbe, 획: 없음으로 설정하고 ❸ 모양: 하트 모양 카드로 설정합니다. 제목 왼쪽에서 ❹ 클릭&드래그하여 하트를 그립니다. 이때 Shift를 누른 채 클릭&드래그해야 비율이 맞는 하트를 그릴 수 있습니다.

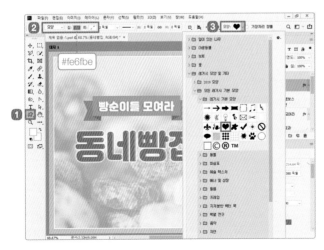

TIP 하트 모양 카드는 [레거시 모양 및 기타–모든 레거시 기본 모양–레거시 기본 모양]에 있습니다.

06 [동네빵집] 텍스트 레이어에 적용한 레이어 스타일을 하트에 복제하겠습니다. 레이어 패널에서 Alt를 누른 채 텍스트 레이어에 있는 [효과]를 하트 모양 레이어로 클릭&드래그 합니다.

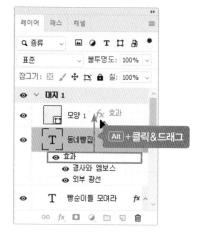

07 이번에는 하트 모양을 복제하겠습니다. ❶ 〈이동 도구〉를 선택한 후 대지에서 ❷ Alt를 누른 채 하트를 오른쪽으로 클릭&드래그 하여 복제한 후 제목 오른쪽에 배치합니다.

✒ **본문 카드뉴스 만들기**

카드뉴스 커버를 완성했다면 이제 새로운 대지를 추가하여 카드뉴스 본문을 만듭니다. 실습 시작 전 언급했듯 본문은 사진과 SNS 주소만으로 간단하게 구성할 것입니다. 여기에 전체적인 통일감을 유지하기 위해 커버에서 테두리를 복사한 후 붙여넣는 방법을 활용하겠습니다.

01 작업 창에서 ❶ [대지 1] 대지 이름을 클릭하면 사방으로 [+] 아이콘이 표시됩니다. ❷ 오른쪽에 있는 [+] 아이콘을 클릭하여 오른쪽에 대지를 추가합니다.

02 예제 파일이 있는 폴더를 열고 **케익1.jpg** 파일을 찾아 대지 2로 클릭&드래그 한 후 화면에 꽉 차게 배치합니다. 배치가 끝나면 Enter 를 눌러 배치를 완료합니다.

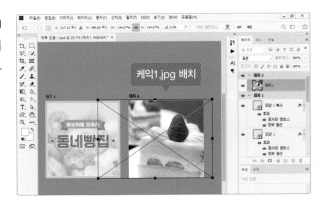

03 커버에 있는 테두리를 복제해서 활용하겠습니다. [대지1]에 만든 테두리 레이어를 선택한 후 Alt 를 누른 채 [대지2]에 있는 사진 레이어 위로 클릭&드래그 하면 복제됩니다. 첫 번째 본문에도 테두리가 표시됩니다.

TIP 대지1에 있는 테두리 레이어를 선택해서 Ctrl + C 를 눌러 복사한 후 Ctrl + V 를 눌러 붙여넣는 방법을 활용하면 됩니다.

04 사진과 테두리만으로 그럴듯한 카드처럼 보입니다. 도구 패널에서 **①** 〈수평 문자 도구〉 T를 선택하고 옵션 패널에서 **②** 글꼴: 여기어 때 잘난체, 크기: 50pt, 색상: #ffc5e5로 설정한 후 **③** SNS 주소를 입력하여 완성합니다.

카드뉴스 복사하고 출력하기

카드뉴스 본문까지 완성됐으면 이후 작업은 더욱 수월합니다. 완성한 카드뉴스 본문을 복제해서 사진과 텍스트만 변경하면 됩니다. 이렇게 아트보드로 작업한 결과물은 대지별 디자인을 한번에 출력(파일로 저장)하거나, 특정 대지만 선택해서 출력할 수 있습니다.

01 도구 패널에서 〈이동 도구〉 ✛의 하위 도구인 **①** 〈대지 도구〉 ⬚를 선택합니다. 작업 창에서 Alt 를 누른 채 **대지 2** 이름 부분을 **클릭&드래그** 하여 오른쪽에 복제합니다.

> **TIP** 〈이동 도구〉를 선택한 상태에서 대지의 이름을 클릭해도 자동으로 〈대지 도구〉가 선택됩니다.

02 레이어 패널을 보면 [대지 2 복사] 대지가 추가되었습니다. 도구 패널에서 **①** 〈수평 문자 도구〉 T를 선택하고 **②** SNS 주소를 더블 클릭합니다. 텍스트 입력 상태가 되면 **③** SNS 주소를 변경하고 Ctrl + Enter 를 눌러 텍스트 편집을 마칩니다.

03 이제 사진만 변경하면 끝입니다. **①** 레이어 패널에서 [케익1] 레이어를 선택합니다. 이어서 예제 파일 폴더를 열고 **②** **케익2.jpg** 파일을 찾아 **대지 2 복사** 대지로 [클릭&드래그]하여 배치합니다. 크기와 위치를 조절하고 [Enter]를 눌러 완성합니다.

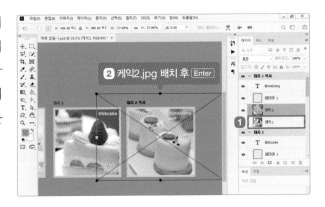

TIP 새로운 파일을 배치하면 선택 중인 레이어(케익 1) 위로 새로운 레이어가 배치됩니다.

04 카드뉴스가 모두 완성되었습니다. 이제 각 대지를 각각의 파일로 저장해 볼게요. 메뉴에서 [파일 – 내보내기 – 내보내기 형식]을 선택합니다.

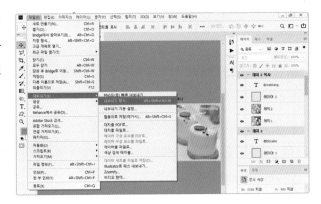

05 내보내기 형식 창이 열리면 파일 설정에서 **①** **형식: JPG**로 변경하고 **②** [모두 내보내기]를 클릭합니다. 이어서 저장 폴더를 지정하면 대지 이름대로 이미지 파일이 저장되는 것을 확인할 수 있습니다.

TIP 레이어 패널에서 대지 이름을 더블 클릭하여 변경할 수 있습니다. 대지 이름을 SNS에 업로드할 순서에 맞게 변경해 놓으면 추가로 파일 이름 변경을 해야 하는 번거로움을 줄일 수 있습니다.

LESSON

02 세로형 카드뉴스 만들기

스마트폰에 최적화된 세로형 카드뉴스도 제작해 볼까요? 주제는 고양이의 능력입니다. 디자인 재료로 고양이 사진 3 장을 준비했으니 한 장은 커버로, 나머지는 본문으로 사용하면 되겠죠? 커버에는 고양이가 크게 부각된 사진과 귀여운 느낌의 텍스트를 배치하여 간단하게 완성하겠습니다. 이어서 본문은 고양이 사진과 함께 상단에 고양이의 능력을, 하단에는 능력에 대해 구체적인 설명을 입력하겠습니다. 동일한 글꼴을 사용해 통일감을 높이고, 숫자 부분만 좀 더 강조될 수 있도록 여기어때 잘난체를 사용하겠습니다.

- **주요 기능:** 아트보드, 내용 인식 비율, 조정 레이어, 안내선, 정렬, 스포이드
- **무료 글꼴:** 배스킨라빈스B, 여기어때 잘난체(ygotjalnanfont)
- **크기:** 600×900픽셀
- **예제 파일:** 고양이1.jpg 고양이2.jpg 고양이3.jpg
- **완성 파일:** 고양이 카드뉴스.psd

 동영상 강의

결과 미리 보기

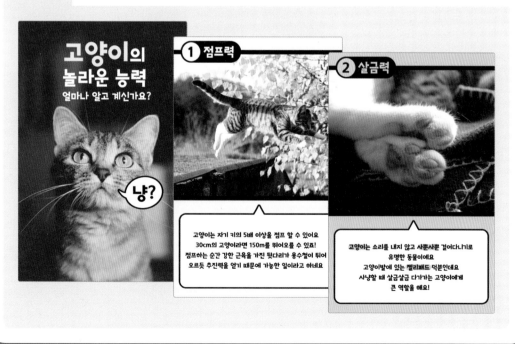

카드뉴스 커버 배경 만들기

카드뉴스 커버는 단순하게 시작, 첫 장의 역할이 아니라 다른 사람들의 이목을 끄는 중요한 역할을 해야 합니다. 즉 일종의 배너와 같은 역할입니다. 그러므로 본문과는 다르게 표현하고자 하는 주제를 크고, 눈에 띄게 배치해야 합니다.

01 포토샵을 실행한 후 ❶ Ctrl + N 을 눌러 새로 만들기 문서 창을 엽니다. 오른쪽 옵션에서 ❷ **폭: 600픽셀, 높이: 900픽셀, 해상도: 72 픽셀/인치, 아트보드 체크**로 설정하고 ❸ [제작]을 클릭합니다.

02 새로운 아트보드 작업 창이 열리면 ❶ 레이어 패널에서 [대지 1] 대지 이름을 더블 클릭하여 이름을 **커버**로 변경합니다. 예제 폴더를 열고 ❷ **고양이1.jpg** 파일을 찾아 [커버] 대지로 클릭&드래그 하여 고양이 얼굴이 중앙에 표시되도록 배치한 후 Enter 를 눌러 적용합니다.

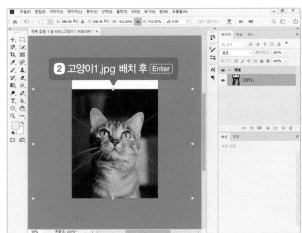

03 가로형 이미지라 가로, 세로 비율을 유지한 채 이미지를 배치했다면 상단에 여백이 남을 겁니다. **고양이1.jpg** 사진이 고급 개체로 배치되어 있으므로 편집이 자유롭지 않습니다. ❶ 레이어 패널에서 해당 레이어를 마우스 우 클릭한 후 ❷ [레이어 래스터화]를 선택합니다.

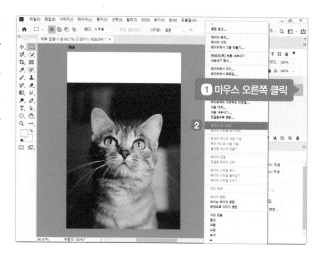

TIP 고급 개체(벡터)를 래스터화(픽셀) 이미지로 변환하면 이미지를 자유롭게 수정할 수 있습니다. 자세한 설명은 062쪽을 참고하세요.

04 도구 패널에서 ❶ 〈사각형 선택 윤곽 도구〉를 선택한 후 옵션 패널에서 ❷ **페더: 0픽셀**로 설정합니다. 고양이 사진에서 얼굴이 포함되지 않도록 ❸ 위쪽 배경 부분을 클릭&드래그 해서 선택한 후 ❹ 상단 메뉴에서 [편집–내용 인식 비율]을 선택합니다. ❺ Shift 를 누른 채 위쪽 중앙에 있는 조절점을 위로 클릭&드래그 하여 여백을 채웁니다.

TIP 내용 인식 비율과 자유 변형의 차이점

포토샵의 자유 변형 기능(Ctrl + T)으로 이미지 크기를 조절하면 그 정도에 따라 픽셀이 깨질 수 있습니다. 하지만 내용 인식 비율 기능은 이미지 크기를 조절해도 포토샵에서 자연스럽게 채워 줍니다. 실습에서처럼 배경이 부족한 부분을 채울 때 유용합니다.

카드뉴스 커버 제목 입력하기

카드뉴스 커버의 배경에 완성되었으니 이제 제목을 입력합니다. 전체적으로 같은 글꼴을 사용하되, 강조할 부분은 크기와 색상을 다르게 표현합니다. 또한 배경 이미지와 어울리도록 텍스트의 폭이 고양이 머리 부분을 벗어나지 않도록 크기를 조정합니다.

01 도구 패널에서 ❶ 〈수평 문자 도구〉 T를 선택하고 옵션 패널에서 ❷ **글꼴: 배스킨라빈스B, 크기: 65pt, 색상: #ffffff(흰색)**으로 설정합니다. ❸ 대지를 클릭한 후 **고양이의 놀라운 능력**을 2줄로 입력한 후 Ctrl+Enter를 눌러 입력을 마칩니다. ❹ 제목 아래쪽을 클릭하여 **얼마나 알고 계신가요?**를 입력하고 Ctrl +Enter를 누른 후 옵션 패널에서 ❺ **크기: 35pt**로 변경합니다.

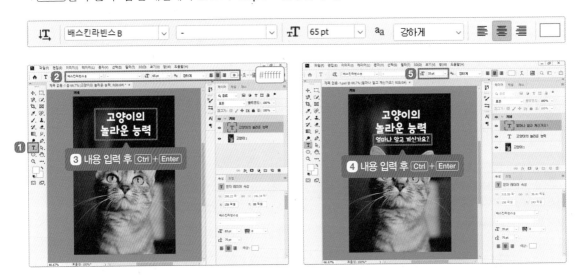

02 ❶ 제목을 클릭하여 텍스트 편집 상태가 되면 **고양이**만 클릭&드래그하여 선택하고 옵션 패널에서 ❷ **크기: 95pt, 색상: #fffd63(노랑)** 으로 변경합니다.

TIP 옵션 패널에서 색상을 클릭하면 색상 피커 창이 열립니다. 여기서 색상 값을 입력하고 [확인]을 클릭하면 현재 선택 중인 텍스트 색상이 변경됩니다.

03 도구 패널에서 〈사각형 도구〉□의 하위 도구인 **①** 〈사용자 정의 모양 도구〉☆를 선택하고 옵션 패널에서 **②** 모양, 칠: #ffff, 획: 없음, 모양: 대화1로 설정합니다. 고양이 얼굴 부분에서 **③** 클릭&드래그하여 말풍선(대화1)을 그리고 **④** Ctrl + T 를 눌러 크기와 방향, 위치 등을 조정합니다.

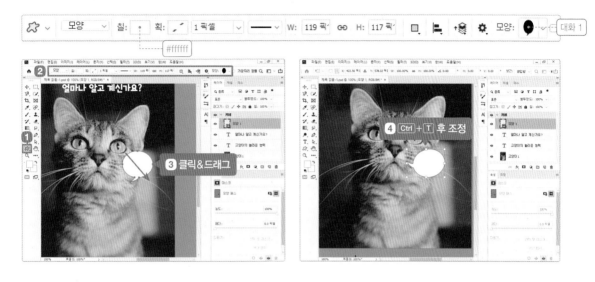

> **TIP** Ctrl + T 를 눌러 자유 변형 상태가 되었을 때 조절점을 클릭&드래그하면 크기를, 모양 안쪽을 클릭&드래그하면 위치를 변경할 수 있습니다.

> **TIP** 대화1 모양은 모양 패널에서 [레거시 모양 및 기타-모든 레거시 기본 모양-레거시 기본 모양]에 있습니다. 모양 패널에서 해당 경로가 보이지 않는다면 134쪽 04번 과정을 참고해서 추가하세요.

04 레이어 패널에서 **①** [레이어 스타일] 아이콘 *fx* 을 클릭한 후 **②** [획]을 선택합니다. 레이어 스타일 창이 열리면 **③** 크기: 5px, 색상: #000000(검정)으로 설정하고 **④** [확인]을 클릭합니다. 말풍선에 검정 테두리가 생성됩니다.

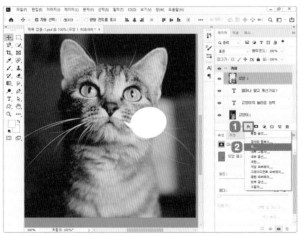
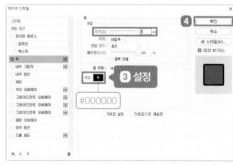

05 ① 〈수평 문자 도구〉T를 선택하고, 옵
션 패널에서 ② **글꼴: 배스킨라빈스B, 크기:
60pt, 색상: #000000**으로 변경합니다. ③
Shift를 누른 채 말풍선을 클릭한 후 **냥?**이라
고 장식용 문구를 입력하여 완성합니다.

카드뉴스 본문 배경 만들기

카드뉴스 본문을 제작하겠습니다. 사진을 중심으로 위와 아래에 적절한 텍스트를 배치하는 형태입니다. 하
나의 본문을 완성한 후 나머지 본문은 복제해서 간단하게 사진과 텍스트만 교체해서 사용하면 됩니다.

01 도구 패널에서 〈이동 도구〉⊕의 하위 도구인 ① 〈대지 도구〉⊡를 선택하고 작업 창에서 ② [커버] 대
지 이름을 클릭합니다. 이어서 ③ 오른쪽 [+] 아이콘을 클릭하여 오른쪽에 대지를 추가하고, 레이어 패널에
서 ④ 추가한 대지 이름을 **본문1**로 변경합니다.

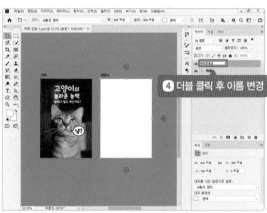

02 레이어 패널에서 ➊ [조정 레이어] 아이콘을 클릭한 후 ➋ [단색]을 선택합니다. 색상 피커 창이 열리면 ➌ **색상: #fffea7**로 설정하고 ➍ [확인]을 클릭합니다. 배경이 지정한 연노란색으로 채워집니다.

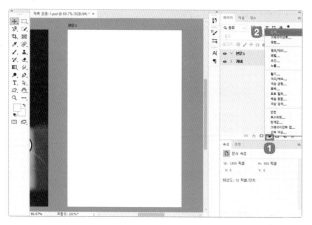

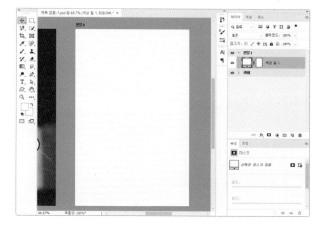

TIP 임의의 색으로 채운 후 레이어 패널에서 조정 레이어의 색상 섬네일을 더블 클릭하면 색상을 변경할 수 있습니다.

03 정확한 작업을 위해 안내선을 만들어 사진 영역을 표시하겠습니다. ➊ 상단 메뉴에서 [보기 – 새 안내선]을 선택해서 새 안내선 창이 열리면 ➋ **가로, 위치: 62픽셀**로 설정한 후 ➌ [확인]을 클릭합니다. 다시 한 번 ➍ [보기 – 새 안내선]을 선택한 후 ➎ **가로, 위치: 550픽셀**로 설정한 후 ➏ [확인]을 클릭합니다.

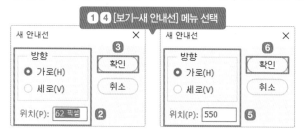

TIP 안내선을 숨기거나 다시 볼 때는 단축키 [Ctrl] + [H]를 누르고, 안내선을 없앨 때는 상단 메뉴에서 [보기 – 안내선 지우기]를 선택하면 됩니다.

04 대지에 2개의 가로 안내선이 추가되었습니다. 예제 파일 폴더를 열고 **고양이2.jpg** 파일을 대지로 **클릭&드래그**합니다. 안내선 사이에 사진을 배치한 후 Enter를 눌러 마칩니다.

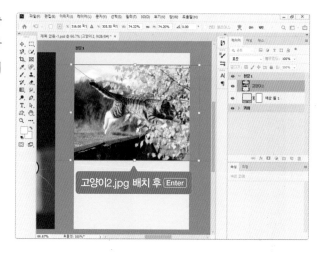

05 레이어 패널에서 ❶ [레이어 스타일] 아이콘 *fx*을 클릭한 후 ❷ [획]을 선택합니다. 레이어 스타일 창에서 ❸ **크기: 15px, 색상: #000000**으로 설정한 후 ❹ [확인]을 클릭하면 사진에 검정 테두리가 표시됩니다.

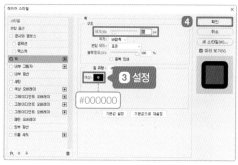

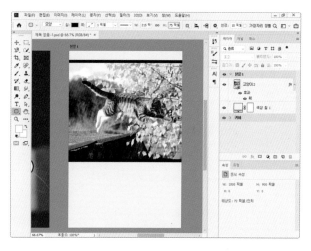

본문 제목 입력하기

본문 카드뉴스의 제목에 해당하는 숫자와 능력을 아이콘 형태로 표현하겠습니다. 포토샵에서 제공하는 기본 도형으로 심플한 아이콘을 완성할 수 있습니다.

01 도구 패널에서 〈사각형 도구〉□의 하위 도구인 ❶ 〈모서리가 둥근 직사각형 도구〉□를 선택하고 옵션 패널에서 ❷ **모양, 칠: #000000, 획: 없음, W: 215픽셀, H: 75픽셀**로 설정합니다. ❸ 사진 아래쪽 빈 공간을 클릭하여 모서리가 둥근 사각형 만들기 창이 열리면 ❹ **반경: 37.5픽셀**로 설정한 후 ❺ [확인]을 클릭합니다.

TIP 포토샵 2021부터는 〈모서리가 둥근 직사각형 도구〉가 사라졌습니다. 그러므로 〈사각형 도구〉를 선택하여 위와 같이 설정하고, 빈 공간을 클릭한 후 사각형 만들기 창에서 [반경]을 설정합니다.

02 검정 모서리가 둥근 사각형이 그려졌습니다. ❶ 레이어 패널에서 빈 공간을 클릭하여 레이어 선택을 해제한 후 이제 숫자 영역을 만들기 위해 도구 패널에서 〈사각형 도구〉□의 하위 도구인 ❷ 〈타원 도구〉○를 선택하고 옵션 패널에서 ❸ **모양, 칠: #fffea7, 획: #00000, 5픽셀, W: 75픽셀, H: 75픽셀**로 설정합니다. ❹ 검정 사각형에서 왼쪽을 클릭한 후 타원 만들기 창이 열리면 그대로 ❺ [확인]을 클릭합니다.

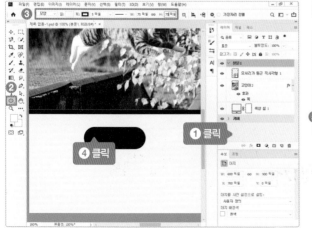

03 검정 사각형에 노랑 타원이 배치되었습니다. 정확하게 배치하기 위해 정렬 기능을 사용하겠습니다. ❶ 〈이동 도구〉⊕를 선택한 후 레이어 패널에서 ❷ 사각형과 원 레이어를 선택합니다. 옵션 패널에서 ❸ [왼쪽 가장자리 정렬]과 [수직 가운데 정렬] 아이콘을 순서대로 클릭합니다.

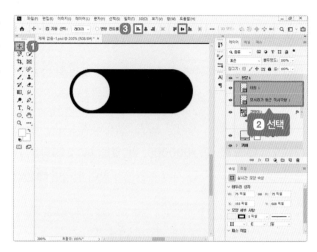

04 〈이동 도구〉⊕가 선택된 상태에서 ❶ 두 도형을 클릭&드래그하여 다음과 같이 사진 오른쪽 위에 배치합니다. 이어서 ❷ 〈수평 문자 도구〉T를 선택한 후 옵션 패널에서 ❸ 글꼴: 여기어때 잘난체, 크기: 50pt, 색상: #000000으로 설정합니다. ❹ Shift를 누른 채 타원 위를 클릭한 후 1을 입력하고 ❺ Ctrl+Enter를 눌러 마칩니다.

05 ❶ Shift를 누른 채 검정 사각형 위를 클릭하여 **점프력**을 입력한 후 ❷ Ctrl+Enter를 누릅니다. 옵션 패널에서 ❸ 글꼴: 배스킨라빈스B, 크기: 43pt, 색상: #fffea7로 변경합니다.

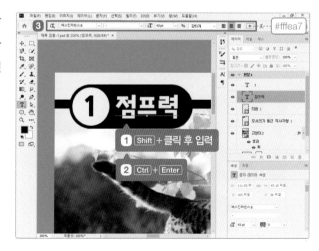

06 정확한 배치를 위해 ❶ 〈이동 도구〉를 선택하고 레이어 패널에서 ❷ Ctrl 를 누른 채 고양이 사진을 뺀 나머지 레이어(4개)를 선택합니다. 옵션 패널에서 ❸ [수직 가운데 정렬] 아이콘을 클릭하여 상하 간격을 맞춥니다.

07 사진을 뺀 나머지 4개의 레이어가 선택된 상태에서 ❶ Ctrl + G 를 눌러 그룹으로 묶습니다. ❷ 그룹 이름을 더블 클릭해서 **1 점프력**으로 변경합니다. 이렇게 그룹으로 묶고 이름을 적절하게 변경해 놓으면 레이어가 많은 작업에서 유지/보수 등의 관리가 편리합니다.

카드뉴스 본문 입력 영역 만들기

포토샵의 모양 도구(모서리가 둥근 직사각형, 다각형)를 이용하여 말풍선 모양의 설명글 입력 영역을 만들겠습니다. 여러 개의 도형을 이용해 하나의 모양을 만든 후 그룹으로 묶고, 그룹에 레이어 스타일을 적용하여 최종 디자인을 완성합니다.

01 도구 패널에서 ❶ 〈모서리가 둥근 직사각형 도구〉를 선택합니다. 옵션 패널에서 ❷ **모양, 칠: #ffffff, 획: 없음, W: 550픽셀, H: 250픽셀**로 설정한 후 사진 아래쪽 ❸ 본문 입력 위치를 클릭합니다. 모서리가 둥근 사각형 만들기 창이 열리면 ❹ **반경: 20픽셀**로 설정하고 ❺ [확인]을 클릭합니다.

> **TIP** 포토샵 2021부터는 〈모서리가 둥근 직사각형 도구〉가 사라졌습니다. 그러므로 〈사각형 도구〉를 선택하여 위와 같이 설정하고, 본문 입력 위치를 클릭한 후 사각형 만들기 창에서 [반경]을 설정합니다.

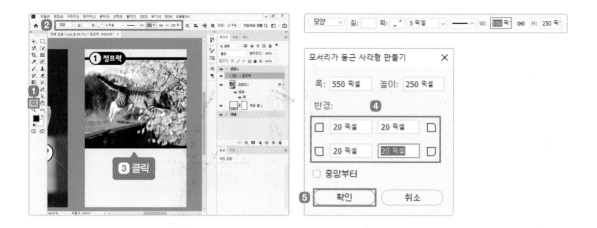

02 모서리가 둥근 흰색 사각형이 그려졌습니다. 도구 패널에서 〈사각형 도구〉□의 하위 도구인 ① 〈다각형 도구〉◎를 선택한 후 옵션 패널에서 ② **측면: 3**으로 설정한 후 ③ 흰색 사각형 위쪽에서 겹치게 클릭&드래그하여 삼각형을 그립니다.

> **TIP** 도형의 위치를 옮길 때는 〈이동 도구〉를 선택한 후 클릭&드래그하면 됩니다.

03 레이어 패널에서 Shift를 누른 채 모서리가 둥근 사각형과 삼각형 레이어를 클릭해서 선택하고 Ctrl+G를 눌러 그룹으로 묶습니다.

> **TIP** 실습처럼 그룹으로 묶은 여러 개체를 한번에 옮길 때는 〈이동 도구〉를 선택하고 옵션 패널에서 **자동 선택: 그룹**으로 설정합니다. 그런 다음 대지(캔버스)에서 그룹 개체를 클릭&드래그하면 한번에 원하는 위치로 옮길 수 있습니다.

04 레이어 패널에서 ❶ 분문 영역 그룹 이름을 더블 클릭해서 이름을 **말풍선**으로 변경합니다. ❷ [레이어 스타일] 아이콘 [*fx*]을 클릭한 후 ❸ [획]을 선택하고, 레이어 스타일 창이 열리면 ❹ 크기: 5px, 색상: #000000으로 설정한 후 ❺ [확인]을 클릭하여 테두리를 추가합니다.

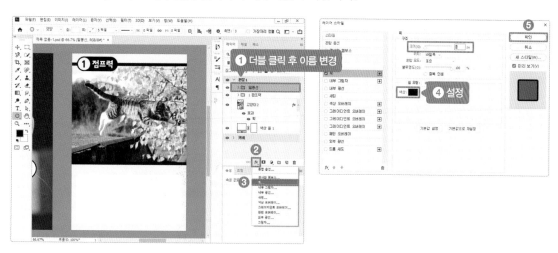

05 도구 패널에서 ❶ 〈수평 문자 도구〉[T]를 선택하고 옵션 패널에서 ❷ 글꼴: 배스킨라빈스 B, 크기: 23pt, 색상: #000000, 가운데 정렬로 설정하고 ❸ [Shift]를 누른 채 말풍선 안쪽을 클릭하여 설명글을 입력합니다.

06 레이어 패널에서 ❶ [새 레이어] 아이콘 [⊞]을 클릭하여 레이어를 추가하고 ❷ 설명글이 입력된 텍스트 레이어 아래에 배치합니다. 도구 패널에서 ❸ **전경색: #fffea7**로 설정하고, ❹ 〈브러시 도구〉[✏]를 선택합니다.

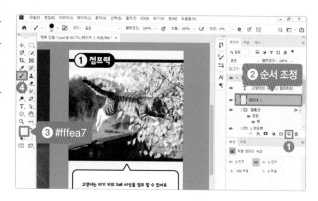

07 대지에서 ❶ 마우스 우클릭하여 브러시 설정 창이 열리면 ❷ **크기: 20픽셀, 경도: 100%, 일반 브러시−선명한 원**으로 설정합니다. 설명글 중 ❸ 강조할 부분을 [클릭&드래그]해서 형광펜처럼 표현합니다. 현재 레이어가 설명글 레이어 아래에 있으므로 가려지는 부분 없이 원하는 내용을 강조할 수 있습니다.

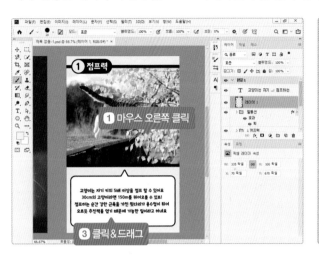

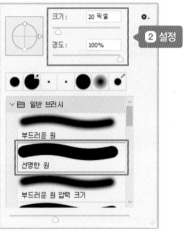

✒ 본문 카드뉴스 추가 및 수정하기

하나의 본문 카드뉴스를 완성했다면 이제 복제해서 설명과 사진만 변경해도 됩니다. 하지만 이번 실습에서는 다소 수정이 많아지더라도 본문의 배경색까지 변경해 보겠습니다. 이렇게 디자인은 같지만 배경이나 포인트 색상만 변경함으로써 좀 더 신경 쓴 듯한 디자인의 카드뉴스를 완성할 수 있습니다.

01 도구 패널에서 ❶ 〈대지 도구〉를 선택합니다. ❷ [Alt]를 누른 채 [본문1] 대지 이름을 [클릭&드래그]해서 오른쪽으로 대지를 복제합니다. 레이어 패널에서 복제된 ❸ [본문1 복사] 대지 이름을 더블 클릭하고 **본문2**로 변경합니다.

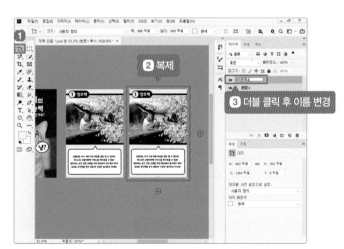

02 레이어 패널에서 [본문2] 대지의 조정 레이어에서 색상 섬네일을 더블 클릭하여 **색상: #f5c6ae**로 변경합니다. [본문 2] 대지의 배경색이 변경되었습니다.

03 레이어 패널에서 숫자의 배경으로 사용한 ❶ 타원 레이어를 선택합니다. 도구 패널에서 ❷ 〈사각형 도구〉를 선택하고 옵션 패널에서 ❸ 칠 옵션을 클릭한 후 팝업 창에서 ❹ [색상 피커] 아이콘을 클릭합니다.

04 색상 피커 창이 열리면 마우스 커서를 배경색이 적용된 곳으로 옮깁니다. 커서가 스포이드 모양이 되면 ❶ 배경색을 클릭해서 추출하고 ❷ [확인]을 클릭합니다.

TIP 디자인 중 한 번 사용한 색상은 색상 값을 직접 입력할 필요 없이 실습처럼 스포이드 도구를 이용하면 편리합니다.

05 타원의 색도 변경되었습니다. 이제 제목을 변경하기 위해 ❶ 〈수평 문자 도구〉 T 를 선택하고 ❷ 제목을 클릭하여 제목을 변경합니다. 변경한 제목을 클릭&드래그 해서 선택한 후 문자 도구 옵션 패널에서 ❸ **색상** 옵션을 클릭하고 색상 피커 창이 열리면 ❹ 대지에서 추출할 색상을 클릭한 후 ❺ [확인]을 클릭합니다.

TIP 텍스트 편집 상태에서 더블 클릭하면 단어 단위로 빠르게 선택할 수 있습니다.

06 〈수평 문자 도구〉 T 를 선택한 후 아이콘 숫자와 사진 아래에 있는 설명글도 클릭해서 변경합니다. 이어서 형광펜 효과까지 적용하고, 끝으로 사진을 교체하면 새로운 본문 카드 뉴스가 완성됩니다.

TIP 형광펜 효과를 적용하기 위해서는 설명글 레이어 아래쪽에 있는 기존 형광펜 레이어를 선택한 후 Delete 를 눌러 삭제하고 다시 새로운 레이어를 추가합니다. 그런 다음 〈브러시 도구〉를 선택하고 **전경색: #f5c6ae**로 설정하여 중요한 부분을 클릭&드래그하면 됩니다.

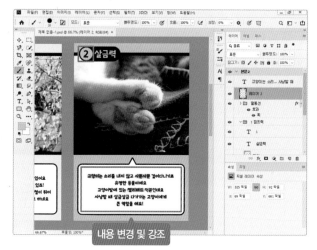

LESSON

03 페이스북 커버 & 프로필 만들기

독서를 주제로 하는 페이스북 페이지의 커버와 프로필 이미지를 제작해 보겠습니다. 페이스북 프로필은 정사각형, 커버는 가로로 긴 직사각형 형태입니다. 특히 커버는 모바일과 PC에서 보이는 화면이 서로 다르므로 이를 염두에 두고 제작해야 합니다. 전체 분위기는 나무가 연상되는 갈색을 이용하여 차분한 느낌을 연출하고, 포인트 색상으로 노랑을 사용하겠습니다.

- **주요 기능:** 다각형 도구, 웹용으로 저장, 조정 레이어, 레이어 병합, 래스터화, 그레이디언트 오버레이
- **무료 글꼴:** 배스킨라빈스B, 여기어때 잘난체(ygotjalnanfont)
- **크기:** 170×170픽셀(프로필), 820×360픽셀(커버)
- **예제 파일:** 책.jpg
- **완성 파일:** 페이스북 커버.psd, 페이스북 프로필.psd

결과 미리 보기

페이스북 프로필 이미지 제작하기

페이스북 공식 고객 센터에서 안내하는 프로필 이미지는 컴퓨터에서 170×170픽셀, 스마트폰에서 128×
128픽셀입니다. 그러므로 어느 기기에서나 손실 없이 표시되도록 큰 사이즈인 170×170픽셀로 작업합니
다. 프로필 이미지는 정사각형으로 제작하지만 실제 표시될 때는 정원으로 보입니다. 그러므로 중요한 정보
는 중앙에 배치하는 것이 좋습니다.

01 ❶ Ctrl+N을 눌러 새로 만들기 문서 창
이 열리면 ❷ **폭: 170픽셀, 높이:170픽셀, 해상
도: 72픽셀/인치**로 설정한 후 ❸ [제작]을 클릭
합니다.

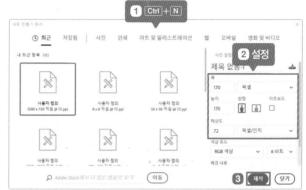

> **TIP** 프로필이나 커버 관련 페이스북 공식 설명은 아래 링크에서 확인할 수 있습니다.
> https://www.facebook.com/help/125379114252045

02 도구 패널에서 ❶ **전경색: #5a2916(갈색)**
으로 설정한 후 ❷ Alt+Delete를 눌러 [배경]
레이어를 전경색(갈색)으로 채웁니다.

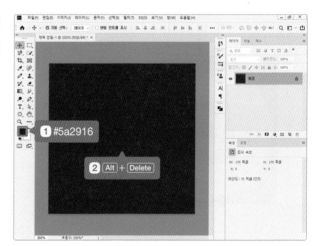

03 도구 패널에서 〈사각형 도구〉◻의 하위 도구인 **①** 〈다각형 도구〉◯를 선택하고 옵션 패널에서 **②** 모양, 칠: #fdd600, W: 150픽셀, H: 150필셀, 측면: 8로 설정합니다. **③** 캔버스를 클릭하여 다각형 만들기 창이 열리면 **④** [확인]을 클릭합니다.

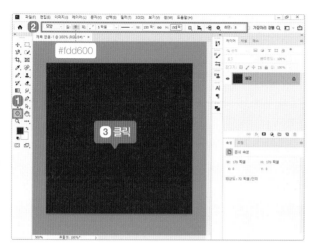

04 도구 패널에서 **①** 〈수평 문자 도구〉T를 선택하고 옵션 패널에서 **②** 글꼴: 여기어때 잘난체, 크기: 100pt, 색상: #5a2916으로 설정합니다. **③** Shift를 누른 채 팔각형 위를 클릭하고 B를 입력한 후 **④** Ctrl+Enter를 누릅니다.

05 **①** 〈이동 도구〉✛를 선택하고 **②** 다각형과 텍스트를 캔버스 정중앙에 배치합니다. 클릭&드래그하면 고급 안내선이 표시되어 배치가 편리합니다.

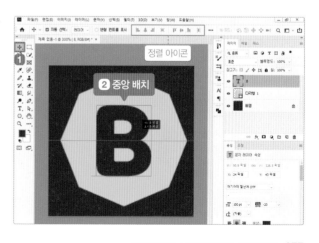

> **TIP** 레이어 패널에서 모든 레이어를 선택하고, 이동 도구의 옵션 패널에서 [수평 중앙 정렬], [수직 가운데 정렬] 아이콘을 각각 클릭하면 좀 더 정확하게 정중앙에 배치할 수 있습니다.

06 상단 메뉴에서 **①** [파일-내보내기-웹용으로 저장(레거시)]을 선택합니다. 웹용으로 저장 창이 열리면 **②** 사전 설정: PNG-8 128 디더로 설정하고 **③** [저장]을 클릭합니다. 경로 및 파일 이름을 지정하여 저장할 수 있습니다.

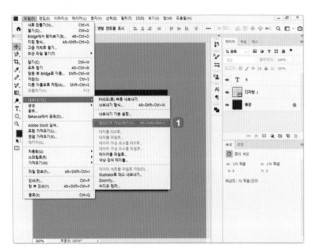
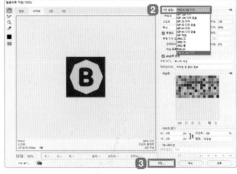

✒ 페이스북 커버 배경 만들기

페이스북 커버 역시 PC와 모바일에서 보이는 영역이 다릅니다. 가로는 PC에서, 세로는 모바일에서 더 넓은 영역으로 표시되므로, 가로는 PC 규격을, 세로는 모바일 규격을 적용해서 커버를 제작하겠습니다. 본격적인 작업 전 어느 기기에서나 핵심 요소가 모두 표시되도록 안내선을 추가하고 작업을 진행합니다.

01 포토샵을 실행한 후 **①** Ctrl+N을 누릅니다. 새로 만들기 문서 창이 열리면 **②** 폭: 820픽셀, 높이: 360픽셀로 설정하고 **③** [확인]을 클릭합니다.

페이스북 페이지 커버 규격은 PC에서 820 x 310픽셀, 모바일에서 640 x 360픽셀입니다. 그러므로 어느 기기에서나 손실이 없도록 820 x 360픽셀로 제작하는 것이 좋습니다. 이때 주요 내용이 한쪽으로 치우치면 특정 기기에서는 해당 내용이 보이지 않을 수 있습니다. 그러므로 다음과 같이 모바일 영역(빨강)과 PC 영역(파랑)을 안내선으로 표시하고, 겹치는 부분에만 내용을 작성합니다.

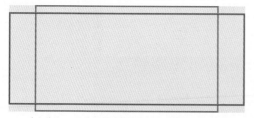

≫ PC(파랑)와 모바일(빨강) 커버 규격

≫ PC에서 표시된 커버

≫ 모바일에서 표시된 커버

02 새 작업 창에 캔버스가 표시되면 상단 메뉴에서 ❶ [보기 – 새 안내선]을 선택하고 새 안내선 창이 열리면 ❷ 방향과 위치를 설정한 후 ❸ [확인]을 클릭하면 됩니다. 다음과 같이 4번의 설정으로 가로 2개, 세로 2개의 안내선을 표시합니다.

❶ [보기–새 안내선] 메뉴

03 4개의 안내선을 추가하면 다음과 같이 내용이 배치될 영역이 정해집니다. 이제 실제 디자인은 이 영역 안쪽에서 진행한다고 생각하면 됩니다.

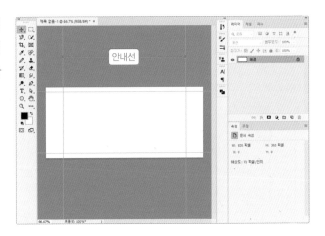

04 예제 파일 폴더를 열고 **책.jpg** 파일을 찾아 캔버스로 클릭&드래그 합니다. 크기와 위치를 조절하여 전체적으로 꽉 차게 배치한 후 Enter 를 눌러 마칩니다.

> **TIP** 조절점을 클릭&드래그하면 크기를, 사진 안쪽을 클릭&드래그하면 사진의 위치를 변경할 수 있습니다.

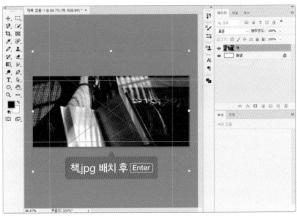

05 콘셉트에 맞춰 사진 색감을 갈색 톤으로 변경하겠습니다. 레이어 패널에서 ❶ [조정 레이어] 아이콘 ⬛️을 클릭한 후 ❷ [흑백]을 선택합니다. 사진이 흑백으로 표시되면 속성 패널에서 ❸ **색조**에 체크하고, ❹ **#dcad9f(갈색)**으로 변경합니다.

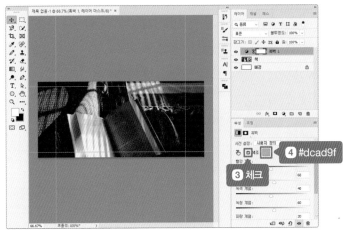

06 흑백 사진을 갈색 톤으로 변경했더니 배경으로 사용하기에는 다소 밝은 느낌입니다. 레이어 패널에서 ❶ [조정 레이어] 아이콘 🔾 을 클릭한 후 ❷ [단색]을 선택합니다. 색상 피커 창이 열리면 ❸ **색상: #000000** 로 설정 후 ❹ [확인]을 클릭합니다.

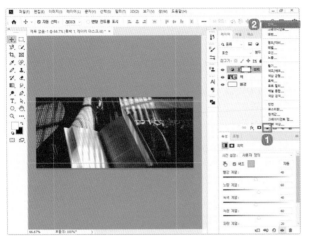 

07 검정 조정 레이어에 가려 배경이 전혀 보이지 않죠? 레이어 패널에서 **불투명도: 45%**로 조절하여 불투명한 검정과 배경 이미지를 자연스럽게 합성합니다.

TIP 사진과 같은 이미지 레이어 자체를 보정할 수도 있습니다. 하지만 추후 복원이 어렵기 때문에 실습처럼 조정 레이어를 활용하는 것이 좋습니다.

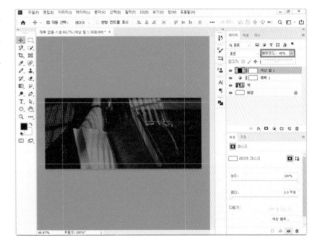

로고 영역 만들기

페이스북 페이지 주제에 맞는 로고를 만들어 배치하겠습니다. 실습에서는 텍스트를 투명하게 뚫어서 배경이 비치는 'BOOK' 로고를 만들겠습니다. 텍스트를 입력하기에 앞서 프로필 이미지에 사용한 팔각형을 활용해 텍스트 입력 영역을 만듭니다.

01 ❶ 〈다각형 도구〉◎를 선택하고 옵션 패널에서 ❷ 칠: #ffffff, 획: 없음으로 설정합니다. 캔버스를 클릭하여 다각형 만들기 창이 열리면 ❸ 폭: 100픽셀, 높이: 100픽셀, 면의 수: 8로 설정하고 ❹ [확인]을 클릭합니다.

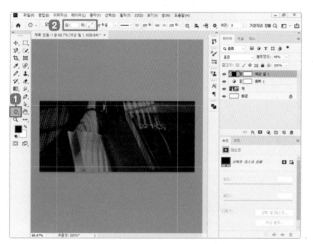
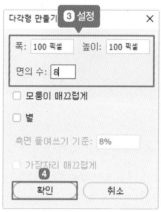

02 팔각형이 그려지면 ❶ 〈이동 도구〉✛를 선택한 후 ❷ Alt 를 누른 채 팔각형을 오른쪽으로 클릭&드래그해서 복제합니다. 복제 과정을 반복하되 고급 안내선을 참고하여 가로: 86픽셀, 세로: 36픽셀 간격으로 총 4개의 팔각형을 배치합니다.

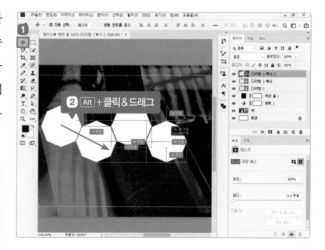

> **TIP** 도형을 배치할 때 스냅 기능이 켜져 있으면 섬세하게 옮기는 작업이 어려울 수 있습니다. 상단 메뉴에서 [보기-스냅]을 선택하거나 단축키 Shift + Ctrl + ; 을 눌러 스냅 기능을 끄고 배치하면 수월합니다.

03 완성한 로고 영역을 캔버스 정중앙에 배치합니다. 레이어 패널에서 **①** Ctrl 를 누른 채 4개의 다각형 레이어를 선택하고 **②** 캔버스에서 클릭&드래그 해 보세요. 고급 안내선이 십자 모양으로 나타나는 지점이 정중앙입니다.

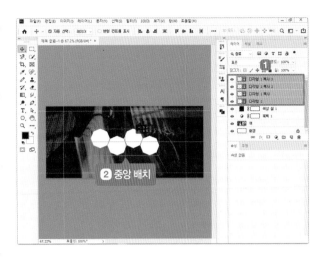

04 레이어 패널에서 **①** Shift 를 누른 채 다각형 레이어 4개를 모두 선택합니다. 선택한 레이어에서 마우스 우클릭 후 **②** [모양 병합]을 선택합니다. 4개의 레이어가 1개로 합쳐집니다. 다시 한 번 **③** 우클릭한 후 **④** [레이어 래스터화]를 선택합니다.

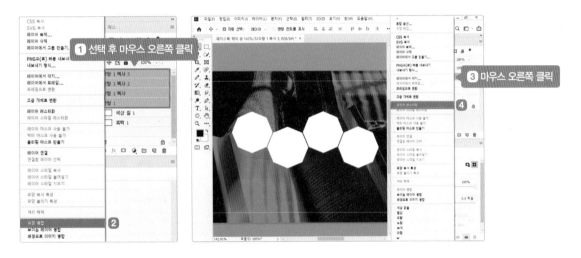

TIP 도형 상태에서 형태를 변형하려면 제약이 있습니다. 최종 목표인 텍스트 모양의 구멍을 뚫기 위해 래스터화를 진행했습니다.

로고 완성하기

완성한 로고 영역에 텍스트 모양대로 구멍을 뚫으면 최종 로고가 완성됩니다. 텍스트 모양대로 구멍을 뚫으
려면 먼저 원하는 글꼴을 이용해 문자를 입력해야 합니다.

01 도구 패널에서 ❶〈수평 문자 도구〉를 선
택하고 옵션 패널에서 ❷ **글꼴: 여기어때 잘난
체, 크기: 60pt, 색상: #000000**으로 설정합
니다. 로고 영역에서 ❸ 첫 번째 도형 부분을
클릭한 후 **B**를 입력하고 Ctrl + Enter 를 누
릅니다.

02 최종 'BOOK'이라는 단어를 완성해
야 합니다. ❶〈이동 도구〉⊕를 선택한 후
❷ Alt 를 누른 채 입력한 'B'를 오른쪽으로
클릭&드래그 해서 복제합니다. 복제 과정을 반복
해서 총 4개의 'B'를 배치합니다.

03 ❶〈수평 문자 도구〉T를 선택하고 ❷ 복
제한 B를 클릭하여 O로 변경한 후 Ctrl +
Enter 를 누릅니다. 같은 방법으로 나머지도
'BOOK'이 되도록 변경합니다. 이어서〈이동
도구〉⊕를 선택하고 자동으로 표시되는 고급
안내선을 보면서 각 단어를 팔각형 중앙에 배
치합니다.

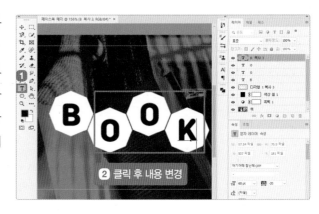

04 레이어 패널에서 ❶ 텍스트 레이어 4개(B, O, O, K)를 모두 선택한 후 Ctrl+E를 눌러 레이어를 하나로 합칩니다. ❷ 합친 레이어 이름을 더블 클릭해서 **book**으로 변경합니다.

05 레이어 패널에서 Ctrl을 누른 채 하나로 합친 [book] 레이어의 섬네일을 클릭합니다. 레이어 내용에 따라 'BOOK' 형태가 선택 영역으로 지정됩니다.

TIP 정확하게 섬네일(레이어 축소판)을 클릭해야 합니다. 레이어 이름 등을 클릭하면 선택 영역으로 지정되지 않습니다.

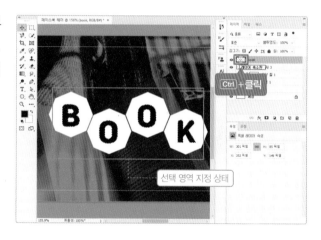

06 ❶ [book] 레이어의 눈 아이콘을 클릭해서 끕니다. 그런 다음 ❷ 로고 영역(팔각형) 레이어를 선택하고 Delete를 누르면 팔각형에서 선택 영역으로 지정된 모양(BOOK)이 투명하게 지워집니다. ❸ Ctrl+D를 눌러 선택 영역을 해제합니다.

07 로고 모양이 완성됐습니다. 이제 로고 영역에 색상을 입혀서 디자인을 보강합니다. 로고 영역 레이어가 선택된 상태에서 ❶ [레이어 스타일] 아이콘 🗗 을 클릭한 후 ❷ [그레이디언트 오버레이]를 선택합니다. 레이어 스타일 창이 열리면 ❸ **그레이디언트** 옵션을 클릭합니다.

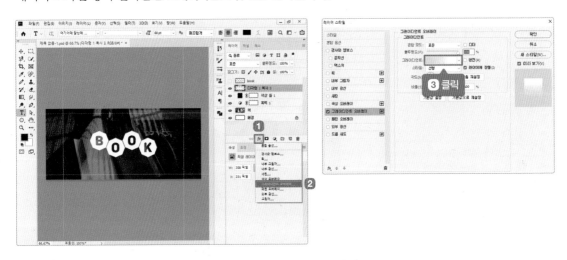

08 그레이디언트 편집기 창이 열리면 ❶ **사전 설정: 기본 사항−전경색에서 배경색으로(혹은 검정, 흰색)으로** 선택하고 그레이디언트 유형에서 ❷ 아래쪽 정지점을 각각 더블 클릭하여 **왼쪽 색상: #fdb900(진한 노랑),** **오른쪽 색상: #ffff00(밝은 노랑)**으로 설정한 후 ❸ [확인]을 클릭합니다. 다시 레이어 스타일 창에서 ❹ **각도:** **120**으로 설정한 후 ❺ [확인]을 클릭합니다.

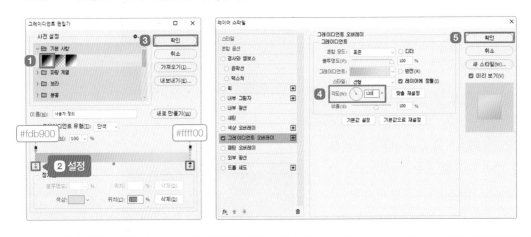

TIP 그레이디언트 사용 방법은 069쪽에서 자세히 확인할 수 있습니다.

09 로고 영역에 그레이디언트가 적용되었습니다. 좀 더 잘 보이게 하기 위해 그림자까지 추가하면 효과적입니다. 예제는 [레이어 스타일-그림자 효과]의 레이어 스타일 창에서 **혼합 모드: 곱하기, 색상: #000000, 불투명도: 80%, 각도: 140, 거리: 0px, 스프레드: 0%, 크기: 6px**로 설정했습니다.

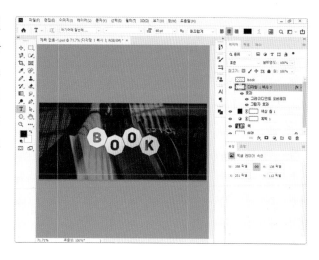

🖋️ 선 추가해서 배경 꾸미기

페이스북 커버의 배경과 로고가 완성되었습니다. 마무리 작업으로 로고를 강조하면서 통일성과 디자인 완성도를 높일 수 있는 팔각형 테두리를 추가하겠습니다.

01 도구 패널에서 〈사각형 도구〉▭의 하위 도구인 **①** 〈다각형 도구〉⬡를 선택하고 옵션 패널에서 **②** **모양, 칠: 없음, 획: # fee700, 두께: 2픽셀, W/H: 530픽셀, 측면: 8**로 설정합니다. **③** 캔버스를 클릭해서 다각형 만들기 창이 열리면 그대로 **④** [확인]을 클릭합니다.

02 클릭한 위치를 기준으로 얇은 팔각형 테두리가 그려집니다. ❶ 〈이동 도구〉⊕를 선택한 후 ❷ 테두리를 클릭&드래그 하여 정중앙에 배치합니다.

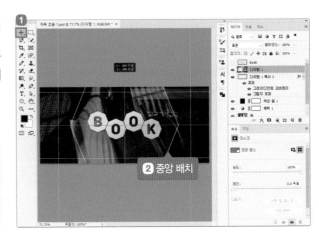

> **TIP** 편리한 배치를 위하여 상단 메뉴에서 [보기-스냅]과 [보기-표시-고급 안내선]이 활성화되어 있는지 확인하세요. 캔버스 정중앙에 배치할 때 안내선이 표시되어 편리합니다.

03 팔각형 테두리와 배경이 자연스럽게 섞이도록 레이어 패널에서 ❶ **혼합 모드: 소프트 라이트**로 설정합니다. 이어서 ❷ Ctrl + J 를 눌러 테두리를 복제해서 추가하면 좀 더 밝게 빛나는 테두리가 완성됩니다.

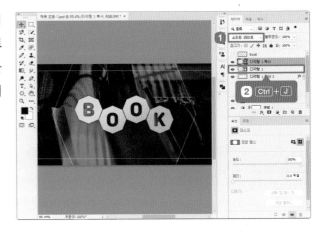

04 ❶ Alt + S + S 를 눌러 레이어 선택을 해제합니다. ❷ 〈다각형 도구〉◎를 선택하고 옵션 패널에서 ❸ **두께: 10픽셀, W/H: 600픽셀**로 변경하고 ❹ 캔버스를 클릭합니다. 다각형 만들기 창이 열리면 ❺ [확인]을 클릭합니다.

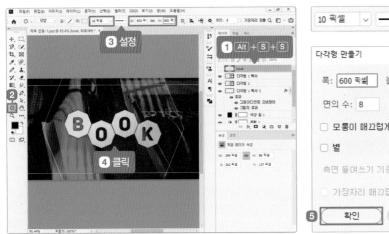

레이어 패널에서 텍스트 또는 도형 레이어가 선택된 상태로 옵션 값을 변경하면 기존 텍스트 또는 도형의 옵션 값이 변경됩니다. 그러므로 새로운 텍스트나 도형을 추가하기 위해 옵션 값을 변경할 때는 선택 중인 레이어를 해제해야 합니다. Windows에서는 단축키 [Alt]+[S]+[S]를 누르면 되지만 macOS에서는 해당 단축키를 사용할 수 없습니다. 이외에 다음과 같은 방법으로 레이어 선택을 해제할 수 있습니다.

- 레이어 패널에서 빈 공간 클릭
- [Ctrl]을 누른 채 선택 중인 레이어 클릭
- 상단 메뉴에서 [선택−레이어 선택 해제]

05 더 두껍고 큰 테두리가 그려지면 마찬가지로 ❶ 정중앙에 배치하고 레이어 패널에서 ❷ 혼합 모드: 소프트 라이트로 설정하여 커버를 완성합니다.

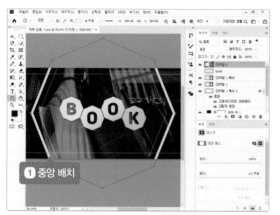
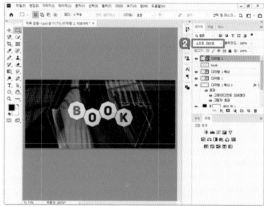

06 완성한 이미지를 페이스북 등 웹에서 사용하기 위해 상단 메뉴에서 ❶ [파일−내보내기−웹용으로 저장(레거시)]을 선택합니다. 웹용으로 저장 창이 열리면 ❷ 사전 설정: PNG−8 128 디더로 설정하고 ❸ [저장]을 클릭합니다. 원하는 경로와 이름으로 저장할 수 있습니다.

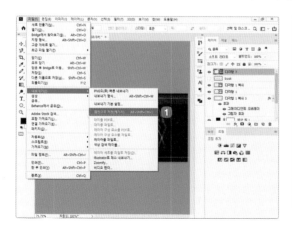

CHAPTER 02

요즘 대세,
유튜브 운영을 위한 디자인

유튜브는 현대인의 일상이 된 SNS 채널로, 흔히 좋은 영상 콘텐츠만 생각할 수 있습니다.
하지만 유튜브 채널을 운영할 때 디자인도 간과해서는 안 됩니다.
채널의 콘셉트를 나타내는 채널 아트나 프로필 사진, 영상 섬네일 등
디자인적으로 신경 써야 할 부분이 많습니다.
유튜브 운영을 위한 채널 아트, 영상 섬네일, 영상의 마지막을 장식할
최종 화면을 만들어 보겠습니다.

LESSON

01 유튜브 채널 아트 제작하기

유튜브 채널에서 사용하는 배너인 채널 아트를 제작합니다. 완성할 예제는 크리에이터 쫜느가 유튜브 채널에서 실제 사용 중인 이미지로, 강렬한 원색의 그레이디언트를 배경으로 깔고, 크리에이터 이름과 주로 다루는 영상 콘텐츠 소재 인 프로그램 로고를 배치했습니다. 로고를 정면으로 나란하게 배치하면 다소 밋밋하고, 공간도 많이 차지하므로 살짝 비틀어서 입체적으로 멋스럽게 표현했습니다.

- **주요 기능:** 그레이디언트 오버레이, 원근, 레이어 마스크
- **무료 글꼴:** Noto Sans CJK KR(구글 노토산스)
- **크기:** 2560×1440픽셀
- **예제 파일:** 포토샵.jpg 애프터 이펙트.jpg 일러스트레이터.jpg 프리미어.jpg, Channel Art Template(Photoshop).psd
- **완성 파일 및 결과 미리 보기:** 유튜브 채널 아트.psd

결과 미리 보기

동영상 강의

그레이디언트 배경 만들기

유튜브 고객 센터(https://support.google.com/youtube)에서 '채널 아트 만들기 또는 수정'으로 검색하면 채널 아트 추가, 변경 방법부터 이미지 크기 및 파일 가이드라인을 확인할 수 있고, 채널 아트 템플릿 PSD 파일을 다운로드하여 활용할 수 있습니다. 이번 예제도 유튜브에서 제공하는 템플릿 파일을 활용합니다.

01 유튜브 고객 센터에서 직접 다운로드하거나 예제 폴더에서 **Channel Art Template (Photoshop).psd** 파일을 찾아 실행합니다. 중앙에 세로 안내선이 표시되어 있으며, 컴퓨터나 TV 등 유튜브를 시청하는 기기에 따른 크기를 확인할 수 있습니다.

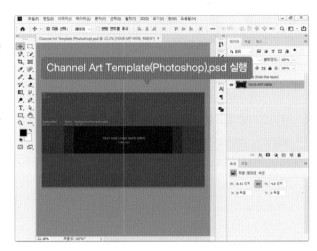

02 레이어 패널에서 ❶ [YOUR ART HERE] 레이어를 선택하고 ❷ [레이어 스타일] 아이콘 𝑓𝑥을 클릭한 후 ❸ [그레이디언트 오버레이]를 선택합니다. 레이어 스타일 창이 열리면 ❹ **그레이디언트** 옵션을 클릭합니다.

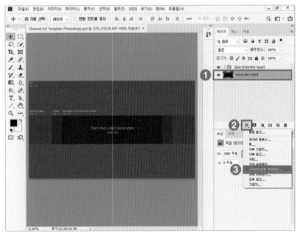 

03 그레이디언트 편집기 창이 열리면 ❶ **사전 설정: 기본 사항−전경색에서 배경색으로**로 설정한 후 그레이디언트 유형에서 ❷ 아래쪽 정지점을 각각 더블 클릭하여 **왼쪽 색상: #e26e91, 오른쪽 색상: #a72eb7**로 설정한 후 ❸ [확인]을 클릭합니다. 다시 레이어 스타일 창에서 ❹ **각도: 0°**로 설정하고 ❺ [확인]을 클릭합니다.

04 [Spec] 그룹 레이어의 눈 아이콘이 켜져 있으면 왼쪽과 같이 합성된 모습으로 나타납니다. [Spec] 그룹 레이어의 눈 아이콘을 클릭해서 끄면 실제 표시될 배경을 확인할 수 있습니다.

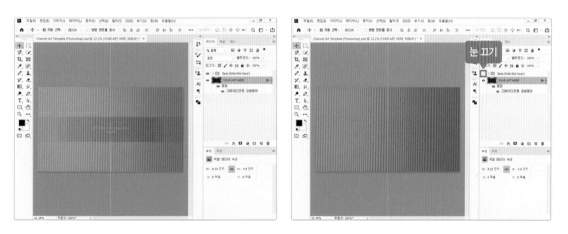

로고 이미지 배치하기

유튜브 채널 아트에는 해당 채널의 특징이나 주로 다루는 소재를 표현하는 것이 좋습니다. 그러므로 채널에서 강의하고 있는 어도비 프로그램 로고가 도드라지도록 배치하겠습니다. 처음 설명한 것처럼 단순히 정면 배치보다는 효율적인 공간 사용과 입체감을 표현하기 위해 약간 틀어서 배치합니다.

01 예제 폴더에서 **① 포토샵.jpg, 프리미어.jpg, 일러스트레이터.jpg, 애프터 이펙트.jpg** 4개의 파일을 모두 선택한 후 캔버스로 클릭&드래그합니다. 마치 한 장의 사진만 배치된 것처럼 보이지만 **② Enter**를 계속해서 누르면 4개의 사진이 모두 배치됩니다.

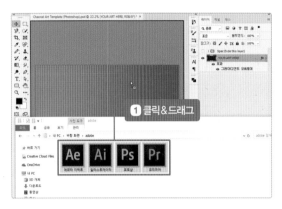

02 레이어 패널에서 **①** 레이어의 순서를 위에서부터 **포토샵-프리미어-일러스트레이터-애프터 이펙트**로 조정합니다. 4개의 레이어를 모두 선택한 후 **② Ctrl+T**를 눌러 자유 변형 모드로 전환하고, 옵션 패널에서 **③ W: 20%, H: 20%**로 설정하여 크기를 줄입니다.

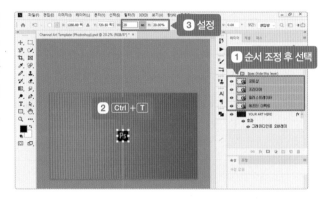

03 자유 변형 모드가 유지된 상태로 **①** 로고 이미지를 마우스 우클릭하고 **②** [원근]을 선택합니다. **③** 오른쪽 위에 있는 조절점을 위쪽으로 클릭&드래그해서 기울기 옵션이 **-8**이 되면 Enter를 눌러 완료합니다.

04 크기 및 기울기를 조절했으니 **①** 레이어 패널에서 빈 영역을 클릭하여 다중 선택 중인 레이어 선택을 해제합니다. 그런 다음 다시 **②** 각 로고 레이어를 선택한 후 **③** Shift 를 누른 채 좌우 방향키를 눌러서 적절한 간격으로 배치합니다. 이때 조금씩 겹치도록 배치해야 좀 더 입체적으로 표현할 수 있습니다.

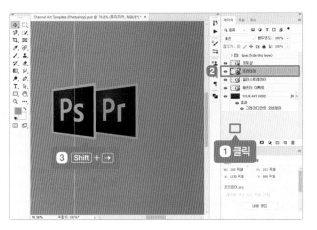

> **TIP** 레이어 선택을 해제할 때는 레이어 패널에서 빈 공간을 클릭하면 됩니다.

✒️ 수면에 비친 듯한 반사광 만들기

로고만 배치하니 살짝 아쉬운 느낌입니다. 배경에 이미지만 덩그러니 배치하는 것보다 그림자나 반사 효과를 추가하면 좀 더 보기 좋겠죠? 로고를 복제해서 추가로 배치하고, 보여지는 영역을 조절하면 로고가 마치 수면에 떠 있는 듯한 효과를 연출할 수 있습니다.

01 레이어 패널에서 **①** [포토샵] 레이어를 선택하고 Ctrl + J 를 눌러 복제합니다. **②** 복제된 레이어를 선택한 후 **③** Ctrl + T 를 눌러 자유 변형 모드로 전환하고 **④** Shift 를 누른 채 왼쪽 위에 있는 조절점을 아래로 길게 클릭&드래그합니다. 원본 로고보다 약간 더 길게 늘인 후 Enter 를 눌러 완료합니다.

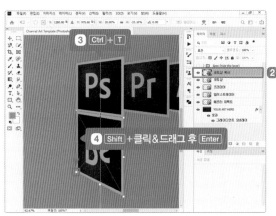

02 반대로 뒤집어진 포토샵 로고 레이어가
선택된 상태에서 **1** [레이어 마스크] 아이콘
◻을 클릭하여 레이어 마스크를 추가합니다.
도구 패널에서 **2** [기본 전경색과 배경색] 아
이콘을 클릭하여 **전경색: 흰색, 배경색: 검은색**
으로 설정합니다.

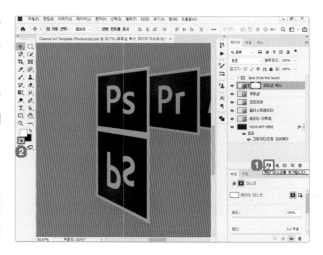

> **TIP** 기본 전경색은 검정이고, 배경색은 흰색입니다.
> 하지만 레이어 마스크가 적용된 상태에서는 반대로
> 기본 전경색은 흰색이 되고, 배경색은 검정이 됩니다.

03 도구 패널에서 **1** 〈그레이디언트 도구〉▦를 선택한 후 캔버스에서 **2** Shift 를 누른 채 위에서 아래로
클릭&드래그 합니다. 클릭&드래그 한 방향에 따라 아래쪽으로 점점 흐려지다가 사라지는 반사광 효과가 연출됩
니다.

04 나머지 로고는 좀 더 쉽게 반사광 효과를 연출할 수 있습니다. **1** 레이어를 복제한 후 뒤집어서 배치하는 것까지 앞의 과정과 동일합니다(Ctrl + J 후 Ctrl + T 후 조절점 클릭&드래그). 이어서 **2** Alt 를 누른 채 레이어 패널에 있는 [포토샵 복사] 레이어의 레이어 마스크 섬네일을 클릭&드래그 하여 나머지 복제한 레이어로 복제합니다.

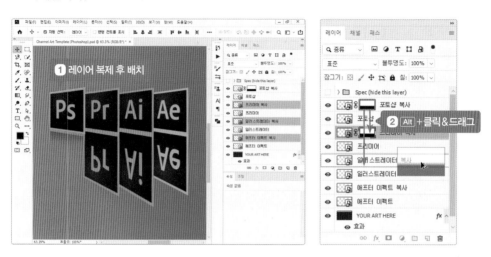

05 위의 과정을 참고하여 모든 로고에 반사광 효과를 연출합니다. **1** 원본 로고와 반사광 로고 레이어를 모두 선택한 후 Ctrl + G 를 눌러 그룹으로 묶고, **2** 그룹 이름을 더블 클릭하여 **로고**로 변경합니다.

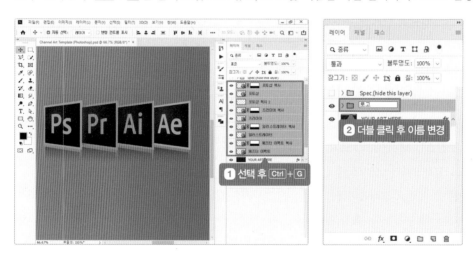

TIP 연속으로 배치된 레이어를 선택할 때 Shift 를 누르고 맨 위에 있는 레이어와 맨 아래에 있는 레이어만 클릭해서 선택하면 사이에 있는 레이어도 모두 선택됩니다.

로고 위치 조정 및 문자 입력하기

채널 아트는 유튜브 채널의 간판과 같은 중요한 역할을 합니다. 그러므로 채널 이름이나 크리에이터 이름을 명시해 주는 게 좋습니다. 이때 해외 시청자를 고려하여 한글과 영문 모두 입력하면 좋습니다.

01 레이어 패널에서 ❶ [Spec] 그룹의 눈 아이콘을 켜고 위치를 확인해 봅니다. ❷ [로고] 그룹을 선택한 후 ❸ 〈이동 도구〉⊕를 이용하여 앞서 배치한 ❹ 로고를 'TEXT AND LOGO SAFE AREA' 영역 내에서 오른쪽으로 치우치게 배치합니다.

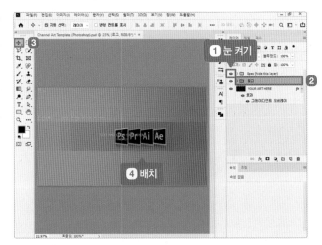

> **TIP** 〈이동 도구〉를 선택한 후 그룹의 위치를 옮길 때는 옵션 패널에서 **자동 선택: 그룹**으로 설정해야 합니다. **자동 선택: 레이어**로 설정되어 있다면 그룹이 아닌 특정 아이콘만 옮겨집니다.
> 또한, 이동 범위가 크지 않고, 섬세한 위치 조정이 필요할 때는 〈이동 도구〉가 선택된 상태에서 방향키를 눌러 1픽셀씩 이동하거나 [Shift]를 누른 채 방향키를 눌러 10픽셀씩 이동할 수 있습니다.

02 이제 크리에이터 이름을 입력하겠습니다. 도구 막대에서 ❶ 〈수평 문자 도구〉[T]를 선택하고 옵션 패널에서 ❷ 글꼴: Noto Sans CJK KR(구글 노토산스), Medum, 크기: 13pt, 색상: #ffffff로 설정합니다. 캔버스에서 ❸ 로고 왼쪽 부분을 클릭하고 **크리에이터**를 입력하고 ❹ [Ctrl]+[Enter]를 누릅니다. 속성 패널에서 ❺ **자간: −20**으로 좁혀 줍니다.

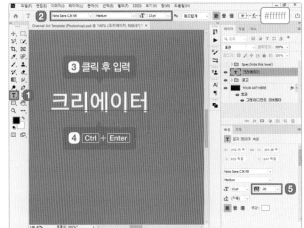

03 **①** '크리에이터' 아래쪽을 클릭하여 Creator Jwann를 입력하고 **②** `Ctrl`+`Enter` 를 누릅니다. 수평 문자 도구 옵션 패널에서 **③** 크기: 8pt로 변경한 후 속성 패널에서 **④** 자간: -20으로 변경합니다.

04 다음과 같은 위치를 클릭하여 **①** 좐느를 입력하고 **②** `Ctrl`+`Enter`를 누릅니다. 옵션 패널에서 **③** 크기: 35pt로 변경하고 속성 패널에서 **④** 자간: -50으로 변경합니다.

05 최종으로 **①** 〈이동 도구〉⊞를 선택하여 **②** 정확한 위치에 배치합니다. 결과를 저장할 때는 레이어 패널에서 [Spec] 그룹의 눈 아이콘을 끄고, 상단 메뉴에서 [내보내기 – 웹용으로 저장(레거시)]를 선택해서 저장합니다. 이후 유튜브에 업로드해서 실제 결과를 확인해 봅니다.

02 시청자의 선택을 유도하는 유튜브 섬네일

유튜브 섬네일은 유튜브에서 가장 중요한 디자인 요소라고 말할 수 있습니다. 수많은 유사 콘텐츠 중 시청자가 어떤 영상을 클릭해서 볼지 1차적으로 결정하는 역할을 하기 때문입니다. 무엇보다 중요한 것은 영상 콘텐츠의 품질이겠지만 그 영상이 재생될 수 있도록 시청자의 선택을 유도하는 것이 바로 섬네일입니다.

섬네일은 영상 콘텐츠의 일부를 캡쳐해서 사용해도 되지만 확실한 효과를 위해 별도로 제작해서 사용합니다. 기본 규격은 1280×720픽셀이지만 1920×1080픽셀을 사용해도 비율이 동일하므로 문제 없습니다.

- **주요 기능:** 레이어 마스크, 그레이디언트, 그림자 효과
- **무료 글꼴:** 서울남산 장체
- **크기:** 1280×1080픽셀
- **예제 파일:** 여성.jpg
- **완성 파일:** 유튜브 섬네일.psd

결과 미리 보기

유튜브 섬네일 배경 만들기

일 잘하는 사람들의 6가지 특징을 이야기하는 영상 콘텐츠의 섬네일을 제작해 볼 거예요. 오른쪽에는 일하는 모습을 크게 배치하고, 왼쪽에는 깔끔한 단색 배경에 흰색으로 영상 콘텐츠의 제목을 입력하여 섬네일만 봐도 어떤 콘텐츠인지 바로 알 수 있도록 제작하는 것이 목표입니다.

01 ❶ Ctrl+N을 눌러 새로 만들기 문서 창이 열리면 ❷ **폭: 1280픽셀, 높이: 720픽셀, 해상도: 72픽셀/인치**로 설정한 후 ❸ [제작]을 클릭하여 새로운 작업 창을 만듭니다.

02 예제 폴더에서 ❶ **여성.jpg** 파일을 찾아 캔버스로 클릭&드래그하여 배치한 후 조절점을 이용하여 다음과 같이 얼굴이 잘리지 않으면서 최대한 크게 조절하여 오른쪽에 배치하고, ❷ Enter를 누릅니다.

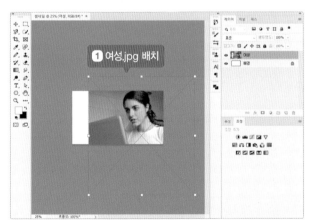

TIP 이미지 크기를 조절할 때 Alt를 누른 채 조절점을 클릭&드래그하면 이미지 중앙을 기준으로 크기를 키우거나 줄일 수 있습니다.

03 레이어 패널에서 **❶** [새 레이어] 아이콘
⊞을 클릭하여 레이어를 추가합니다. 도구 패
널에서 **❷ 전경색: #685539**으로 설정한 후 **❸**
`Alt` + `Delete` 를 눌러 새로운 레이어를 전경색
으로 채웁니다.

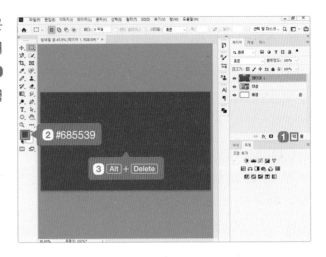

04 레이어 패널에서 **❶** [레이어 마스크] 아
이콘▣을 클릭하여 레이어 마스크를 추가합
니다. 도구 막대에서 **❷** [기본 전경색과 배경
색] 아이콘을 클릭하여 **전경색: 흰색, 배경색:**
검정으로 설정하고 **❸** 〈그레이디언트 도구〉▣
를 선택합니다. 캔버스에서 **❹** `Shift` 를 누른
채 왼쪽에서 오른쪽으로 `클릭&드래그` 합니다.

> **TIP** 일반 레이어를 선택 중일 때와 다르게, 레이어 마스크를 적용했을 때는 기본 전경색과 배경색이 반대로 표시됩니다. 즉 전경색
> 은 흰색, 배경색은 검은색으로 설정됩니다.

05 왼쪽에서 오른쪽으로 `클릭&드래그` 를 반복
하여 사진과 배경이 자연스럽게 섞이도록 그레
이디언트를 적용하여 기본 배경을 완성합니다.

주목도 높은 제목 영역 꾸미기

시청자에게 보여지는 섬네일 크기는 매우 작다는 것을 고려하면 섬네일의 제목 영역은 최대 세 줄 정도가 적당합니다. 최대한 제목을 크게 입력하되, 시선을 모아 줄 수 있는 따옴표와 가이드 영역을 만들겠습니다.

01 도구 막대에서 ❶ 〈수평 문자 도구〉[T]를 선택하고 옵션 패널에서 ❷ 글꼴: 서울남산 장체, B(볼드), 크기: 250pt, 색상: #ffa842로 설정합니다. 캔버스에서 ❸ 배경 왼쪽을 클릭한 후 "를 입력하고 ❹ [Ctrl]+[Enter]를 누릅니다.

> **TIP** 서울시에서 배포한 서울 한강체와 서울 남산체는 각각 정체와 장체가 있고, 5종류의 두께를 지원합니다. 상업적으로도 사용할 수 있는 글꼴이므로 섬네일 등을 제작할 때 효과적입니다.

02 도구 막대에서 ❶ 〈사각형 도구〉□를 선택하고 옵션 패널에서 ❶ 모양, 칠: #ffa842, 획: 없음, W: 5픽셀, H: 430픽셀로 설정합니다. 캔버스에서 ❸ 큰따옴표(")아래쪽을 클릭하고 사각형 만들기 창이 열리면 그대로 ❹ [확인]을 클릭합니다.

> **TIP** 사각형 도구 옵션 패널에서 칠 옵션을 클릭하면 팝업 창이 열립니다. 여기서 오른쪽 위에 있는 [색상 피커] 아이콘□을 클릭하면 색상을 변경할 수 있습니다.

03 ❶ 〈이동 도구〉 ⊕ 를 선택하고 ❷ 세로 막대 모양을 `클릭&드래그` 하여 큰따옴표 바로 아래쪽에 배치합니다.

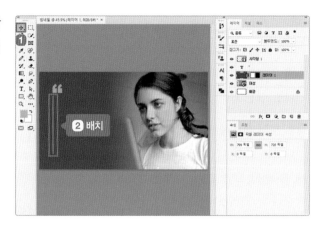

04 도구 패널에서 ❶ 〈수평 문자 도구〉 T 를 선택하고 옵션 패널에서 ❷ **글꼴: 서울남산장체, BL, 크기: 120pt, 색상: #ffffff, 왼쪽 정렬**로 설정합니다. ❸ 캔버스를 클릭하고 **일 잘하는 사람들의 6가지 특징**을 입력한 후 ❹ `Ctrl` + `Enter` 를 누릅니다.

> **TIP** 유튜브 섬네일 오른쪽 하단에는 영상 콘텐츠의 재생 시간이 표시됩니다. 그러므로 이 영역에는 가능하면 텍스트 등을 입력하지 않는 것이 좋습니다.

05 흰색 제목이 좀 더 또렷하게 보이도록 그림자를 추가하겠습니다. 레이어 패널에서 ❶ [레이어 스타일] 아이콘 _fx_ 을 클릭한 후 ❷ [그림자 효과]를 선택합니다. 레이어 스타일 창에서 ❸ **혼합 모드: 곱하기, 색상: # 69573b, 불투명도: 70%, 각도: 90, 거리: 3px, 스프레드: 0%, 크기: 13px**로 설정하고 ❹ [확인]을 클릭합니다.

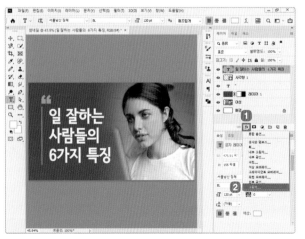

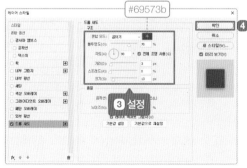

06 마지막으로 여성 사진과 자연스럽게 어울리도록 큰따옴표와 유사한 색상의 그레이디언트를 추가하겠습니다. 레이어 패널에서 ❶ [새 레이어] 아이콘 🔲 을 클릭한 후 도구 패널에서 ❷ **전경색: #ffa842**로 설정하고 ❸ Alt + Delete 를 눌러 새 레이어에 전경색을 채웁니다.

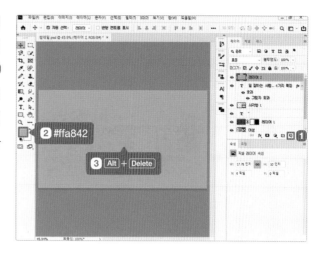

07 ❶ [레이어 마스크] 아이콘 🔲 을 클릭하여 레이어 마스크를 추가합니다. 도구 패널에서 ❷ **전경색: #ffffff(흰색), 배경색: #000000(검정)**으로 설정한 후 ❸ 〈그레이디언트 도구〉🔲 를 선택합니다. 캔버스에서 다음과 같은 위치에서 ❹ 아래에서 위쪽으로 클릭&드래그 하여 자연스럽게 그레이디언트를 적용한 후 ❺ 그레이디언트로 채워진 레이어를 텍스트 레이어 아래쪽으로 옮깁니다.

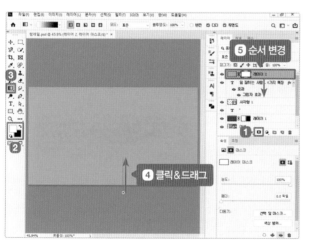

03 유튜브 최종 화면 만들기

유튜브 동영상 마지막 5~20초 사이에 최종 화면을 추가할 수 있습니다. 흔히들 놓치고 가기 쉬운 부분이지만 최종 화면만 잘 활용해도 구독자를 늘리고, 내 채널의 다른 동영상이나 재생목록을 홍보할 수 있습니다. 단순히 최종 화면에 요소만 배치하는 것이 아니라 이미지와 텍스트를 추가로 활용하면 더 효과적입니다. 유튜브 최종 화면 설정에 가면 다양한 템플릿을 선택해서 적용할 수 있습니다.

- **주요 기능:** 조정 레이어, 그림자, 외부 광선, 점선 표현
- **사용 글꼴:** 배스킨라빈스B
- **크기:** 1920×1080픽셀
- **예제 파일:** 하늘.jpg, 좐느로고.png, 최종화면 가이드.psd
- **완성 파일:** 유튜브 최종화면.psd

결과 미리 보기

주황빛 하늘 배경 만들기

최종 화면의 배경으로 사용할 이미지부터 작업하겠습니다. 하나의 완성형 이미지를 활용해도 되지만 실습처럼 흑백 이미지와 그레이디언트 배경을 혼합하면 콘셉트에 따라 손쉽게 다양한 색감으로 변경할 수 있어 편리합니다.

01 예제 폴더에서 **최종화면 가이드.psd** 포토샵 파일을 찾아 실행합니다. 양쪽으로 영상 섬네일을 넣을 수 있는 위치와 중앙에 구독 아이콘 배치 영역을 미리 배치해 놓은 템플릿을 확인합니다.

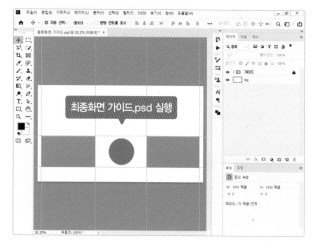

02 레이어 패널에서 ❶ [가이드] 레이어의 눈을 끄고 ❷ [bg] 레이어를 선택합니다. ❸ [조정 레이어] 아이콘 █ 을 클릭한 후 ❹ [그레이디언트 칠]을 선택하고 그레이디언트 칠 창이 나타나면 ❺ **그레이디언트** 옵션을 클릭합니다.

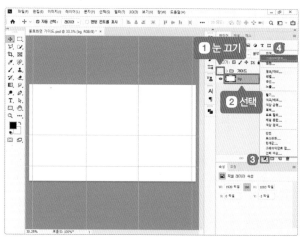

03 그레이디언트 편집기가 열리면 ❶ **사전 설정: 기본 사항–전경색에서 배경색으로**로 설정하고, ❷ 아래쪽 정지점을 각각 더블 클릭하여 **왼쪽 색상: #ff5f6d, 오른쪽 색상: #ffc371**로 설정한 후 ❸ [확인]을 클릭합니다. 다시 그레이디언트 창에서 ❹ **각도: –90**으로 설정한 후 ❺ [확인]을 클릭합니다.

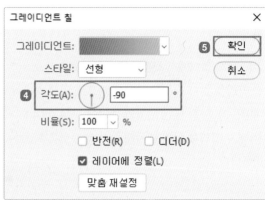

04 주황빛 그레이디언트 배경이 완성되었습니다. 예제 폴더에서 **하늘.jpg** 파일을 캔버스로 `클릭&드래그`하여 배치한 후 화면에 꽉 차게 배치한 후 `Enter`를 누릅니다.

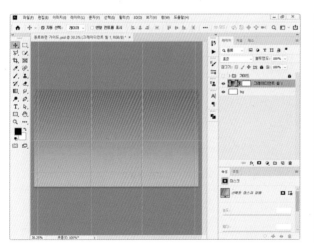

05 [하늘] 레이어가 [bg] 레이어 위에 배치된 상태에서 ❶ [하늘] 레이어를 선택하고 ❷ **혼합 모드: 소프트 라이트**로 설정합니다. 하늘 이미지와 배경색이 자연스럽게 합성되면서 주황빛 하늘이 완성됩니다.

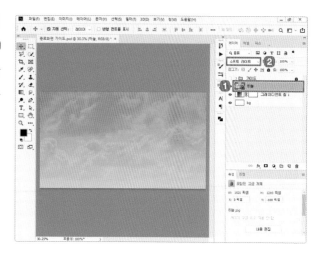

> **TIP** 실습처럼 배경 이미지를 사용할 때 자물쇠 모양의 [잠금] 아이콘을 클릭해 놓으면 위치가 고정됩니다. 이후 배경 이미지 위에 배치한 다른 레이어를 선택하면서 실수로 배경 이미지의 위치를 변경하는 것을 예방할 수 있습니다.

✒️ 섬네일 영역 꾸미기

최종 화면 양쪽에는 서로 다른 동영상 또는 재생목록의 섬네일이, 가운데 원형에는 프로필 사진이 배치되어 구독과 동영상 재생을 유도합니다. 그러므로 좀 더 강조하기 위해 영역 외곽에 점선 디자인을 추가해 꾸며 보겠습니다.

01 잠시 ❶ [가이드] 레이어 눈을 클릭해서 다시 표시합니다. 도구 패널에서 〈사각형 도구〉▢의 하위 도구인 ❷ 〈타원 도구〉◯를 선택하고 옵션 패널에서 ❸ **모양, 칠: 없음, 획: #ffffff, 8픽셀, 점선, W: 340픽셀, H: 340픽셀**로 설정합니다. ❹ 캔버스를 클릭한 후 타원 만들기 창이 뜨면 그대로 ❺ [확인]을 클릭합니다.

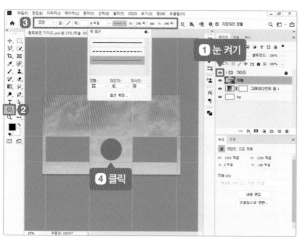

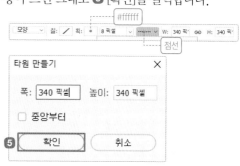

02 캔버스에 점선 타원이 생기면 **①** 〈이동
도구〉⊕를 선택한 후 캔버스에서 **②**
클릭&드래그 하여 프로필 영역을 감싸도록 배치
합니다.

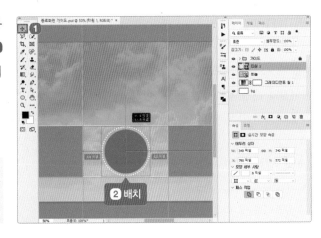

> **TIP** 상단 메뉴에서 [보기-스냅]과 [보기-표시-고
> 급 안내선]이 활성화되어 있으면 안내선이 표시되어
> 배치가 수월해집니다.

03 계속해서 좌우 섬네일 영역을 꾸미겠습
니다. **①** 레이어 패널에서 빈 공간을 클릭하
여 레이어 선택을 해제한 후 도구 패널에서 **②**
〈사각형 도구〉□를 선택하고 옵션 패널에서
**③ 모양, 칠: #ffffff, 획: 없음, W: 633픽셀, H:
360픽셀**로 설정합니다. **④** 캔버스를 클릭하여
사각형 만들기 창이 열리면 **⑤** [확인]을 클릭
합니다.

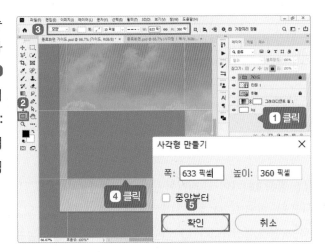

04 섬네일 영역보다 큰 흰색 사각형이 그려
집니다. **①** 〈이동 도구〉⊕를 선택한 후 가이
드를 참고해서 **②** 흰색 사각형이 섬네일 영역
을 모두 덮도록 배치합니다. 이번에는 그림자
를 추가하기 위해 **③** [레이어 스타일] 아이콘
fx을 클릭한 후 **④** [그림자]를 선택합니다.

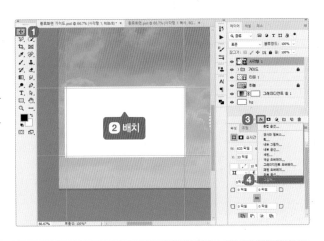

> **TIP** 흰색 사각형은 이후 유튜브에서 실제 배치될 영상 섬네일보다 큽니다. 그러므로 이 영역에 실제 섬네일이 배치되면 섬네일보
> 다 넓은 부분만 남아서 마치 흰색 테두리가 둘러진 것처럼 표현될 것입니다.

05 레이어 스타일 창이 열리면 ❶ 혼합 모드: 표준, 색상: #ff635e, 불투명도: 55%, 각도: 90, 거리: 0px, 스프레드: 0%, 크기: 27px로 설정한 후 ❷ [확인]을 클릭합니다. 흰색 사각형 뒤쪽으로 퍼지는 그림자가 만들어집니다.

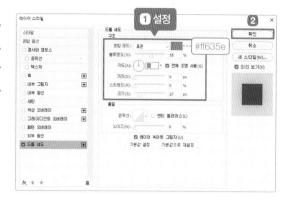

06 ❶ Alt+S+S를 누르거나 상단 메뉴에서 [선택 – 레이어 선택 해제]를 선택합니다. 꾸미기용 점선을 만들기 위해 ❷ 〈사각형 도구〉▢를 선택하고 옵션 패널에서 ❸ 모양, 칠: 없음, 색상: #ffffff, 획: 3픽셀, 점선, W: 657픽셀, H: 381픽셀로 설정합니다. ❹ 캔버스를 클릭하고 사각형 만들기 창에서 ❺ [확인]을 클릭합니다.

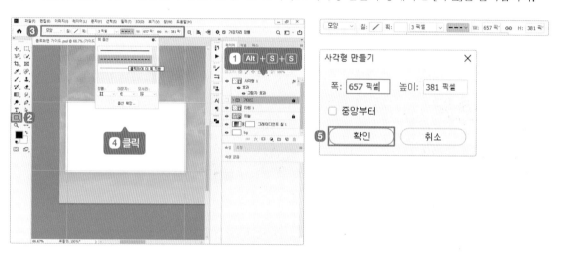

07 ❶ 〈이동 도구〉✛를 선택한 후 ❷ 흰색 사각형을 감싸도록 점선 테두리를 배치합니다. 레이어 패널에서 점선 테두리 레이어인 ❸ [사각형 2] 레이어에 선택하고 ❹ [레이어 마스크] 아이콘▢을 클릭합니다. 도구 패널에서 ❺ 전경색: #000000으로 설정한 후 ❻ 〈브러시 도구〉✏를 선택합니다.

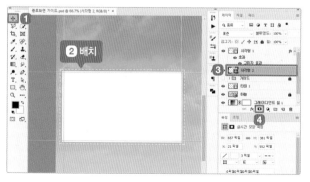
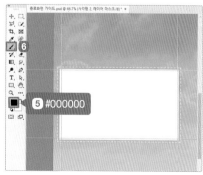

08 레이어 패널에서 레이어 마스크를 선택
한 후 캔버스에서 사각형 왼쪽 위와 오른쪽
아래만 점선이 보이도록 나머지 점선 부분을
클릭&드래그 해서 지웁니다.

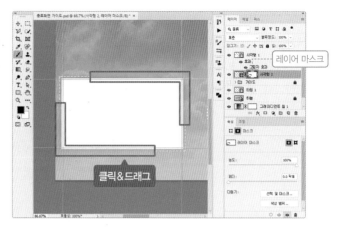

09 ❶ 점선과 흰색 사각형 레이어를 선택하고 Ctrl + G 를 눌러 그룹으로 묶습니다. ❷ 〈이동 도구〉⊕를 선택
한 후 캔버스에서 ❸ Alt 를 누른 채 사각형 그룹을 오른쪽으로 클릭&드래그 하여 복제하고 가이드에 맞게 배치합
니다.

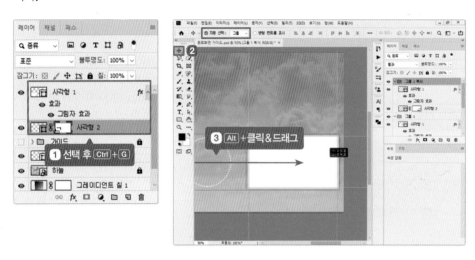

TIP 〈이동 도구〉를 선택한 후 옵션 패널에서 **자동 선택**에 체크되어 있다면 **자동 선택: 그룹**으로 설정한 후 클릭&드래그해야 합니다.

 구독, 좋아요 유도하기

단순하게 구독 버튼과 추천 동영상 섬네일만 있는 것보다 '구독'과 '좋아요'를 독려하는 메시지나 다른 SNS
주소 등의 정보를 포함시킨다면 더 효과적이겠죠?

01 예제 파일 중 **❶ 좐느로고.png** 파일을 클릭&드래그 하여 최종 화면 상단 중앙으로 옮기고 Enter 를 눌러 배치합니다. 흰색 섬네일 영역에 적용했던 그림자 효과를 활용하기 위해 레이어 패널에서 **❷** Alt 를 누른 채 [사각형 1] 레이어의 **그림자 효과**를 [좐느 로고] 레이어로 클릭&드래그 해서 복제합니다.

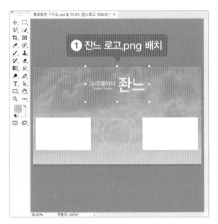 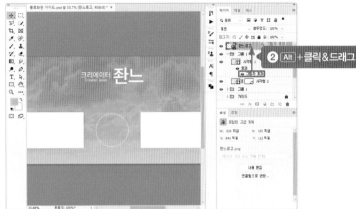

02 **❶** 〈수평 문자 도구〉 T 를 선택하고 옵션 패널에서 **❷** 글꼴: 배스킨라빈스B, 크기: 65pt, 색상: #ffffff로 설정합니다. **❸** 로고와 섬네일 영역 중간 부분을 클릭한 후 **여러분의 (여유 공백) 과 (여유 공백) 는 큰 힘이 됩니다!**를 입력하고 **❹** Ctrl + Enter 를 누릅니다.

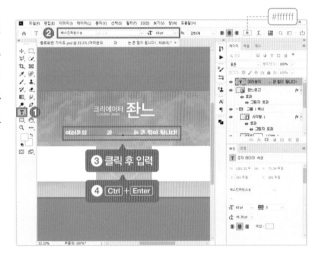

03 〈사각형 도구〉 □ 의 하위 도구인 **❶** 〈모서리가 둥근 직사각형 도구〉 □ 를 선택하고 옵션 패널에서 **❷** 칠: #fe5151, 획: #ffffff, 4.5픽셀, W: 236픽셀, H: 108픽셀로 설정하고 **❸** 캔버스를 클릭합니다.

TIP 포토샵 2021부터는 〈모서리가 둥근 직사각형 도구〉가 사라졌습니다. 그러므로 〈사각형 도구〉를 선택하여 위와 같이 설정한 후 캔버스를 클릭합니다.

04 모서리가 둥근 사각형 만들기 창이 열리면 **①** **반경: 40픽셀**로 설정하고 **②** [확인]을 클릭합니다. 빨간 사각형이 그려지면 **③** 〈이동 도구〉 ⊹ 를 선택한 후 캔버스에서 **④** Alt 를 누른 채 빨간 사각형을 오른쪽으로 클릭&드래그 해서 복제하고, 속성 패널에서 **⑤** W: 255픽셀, 색상: #4189ff로 변경합니다.

 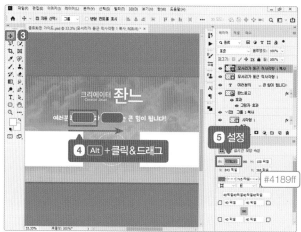

> **TIP** 도형과 미리 입력해 놓은 텍스트의 여백 길이가 일치하지 않을 때는 〈수평 문자 도구〉를 선택한 후 텍스트의 여백 부분을 클릭하고, Spacebar 또는 Delete 를 눌러 여백을 도형에 맞게 조정합니다.

05 〈이동 도구〉 ⊹ 를 이용하여 도형을 텍스트 사이 여백에 정확하게 배치합니다. 이어서 〈수평 문자 도구〉 T 를 선택하여 도형 안에 **구독, 좋아요**를 입력합니다.

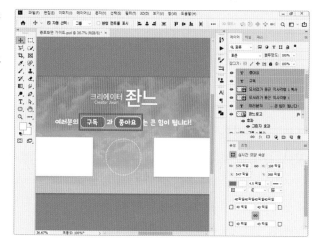

> **TIP** 〈수평 문자 도구〉를 선택한 후 도형 안에 텍스트를 입력하기 위해 클릭할 때는 Shift 를 누른 채 클릭해야 원하는 위치에 자유롭게 텍스트를 입력할 수 있습니다.

06 구독, 좋아요 관련 2개의 도형과 3개의 텍스트 레이어를 선택하고 Ctrl+G를 눌러 그룹으로 묶고, 그룹 이름을 더블 클릭하여 **구독 좋아요**라고 변경합니다. 이처럼 레이어가 많아질 때 영역별로 그룹으로 묶고, 알아보기 쉽게 그룹 이름을 변경해 주는 것이 좋습니다.

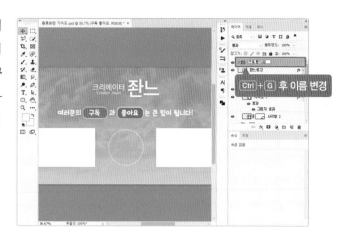

07 ❶ [새 레이어] 아이콘 ⊞을 클릭하여 레이어를 추가합니다. 도구 패널에서 ❷ **전경색: #812320**으로 설정하고 ❸ 〈브러시 도구〉 ✐를 선택한 후 옵션 패널에서 ❹ **불투명도: 100%, 흐름: 100%**로 설정합니다.

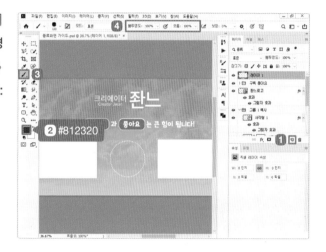

08 캔버스에서 ❶ 우클릭하여 브러시 사전 설정 패널을 열고 ❷ **크기: 120픽셀, 종류: 드라이 재질 브러시-Kyle 그림 상자-해피 HB**로 설정합니다. 캔버스에서 구독과 좋아요 요청 텍스트 부분에서 Shift를 누른 채 클릭&드래그해서 선을 그립니다.

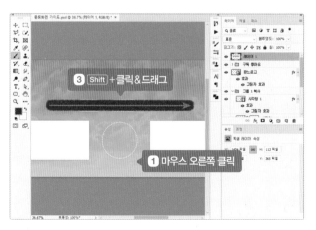

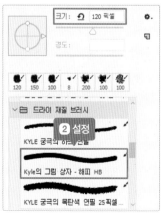

09 레이어 패널에서 ❶ 브러시로 그린 레이어를 [구독 좋아요] 그룹 아래쪽에 배치하면 선이 배경처럼 표현됩니다. 도구 패널에서 ❷ 〈모서리가 둥근 직사각형〉□을 선택하고 옵션 패널에서 ❸ **칠: 없음, 획: #ffffff, 4.5픽셀, W: 240픽셀, H: 85.5픽셀**로 설정한 후 캔버스에서 ❹ 프로필 영역 아래를 클릭합니다.

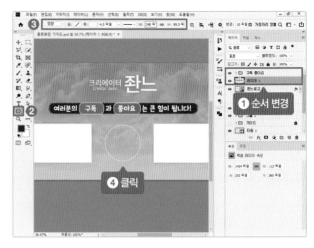

TIP 포토샵 2021부터는 〈모서리가 둥근 직사각형 도구〉가 사라졌습니다. 그러므로 〈사각형 도구〉를 선택하여 위와 같이 설정하고, 프로필 영역 아래를 클릭합니다.

10 모서리가 둥근 사각형 만들기 창이 뜨면 ❶ **반경: 43픽셀**로 설정하고 ❷ **[확인]**을 클릭합니다. 흰색 실선 모서리가 둥근 사각형이 그려지면 ❸ 〈수평 문자 도구〉를 선택하고 옵션 패널에서 ❹ **글꼴: 배스킨라빈스B, 크기: 50pt, 색상: #ffffff**로 설정하고, ❺ **Shift**를 누른 채 도형 안쪽을 클릭해 **구독하기**를 입력한 후 ❻ **Ctrl** +**Enter**를 누릅니다.

TIP 도형이 그려지면 〈이동 도구〉를 선택한 후 정확한 위치로 옮겨 주세요.

11 ❶ 모서리가 둥근 흰색 사각형과 '구독하기' 텍스트 레이어를 선택하고 Ctrl + G를 눌러 그룹으로 묶고 그룹 이름은 **구독하기**로 변경합니다. 효과를 추가하기 위해 [구독하기] 그룹을 선택하고 ❷ [레이어 스타일] 아이콘 fx을 클릭한 후 ❸ [외부 광선]을 선택합니다.

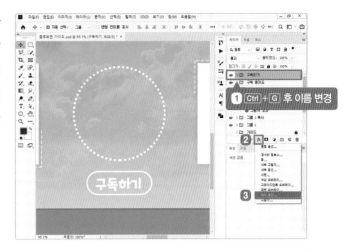

12 레이어 스타일 창이 열리면 ❶ **혼합 모드: 표준, 불투명도: 30%, 노이즈: 0%, 색상: #ff635e, 스프레드: 14%, 크기: 9px, 범위: 50%, 파형: 0%**로 설정하고 ❷ [확인]을 클릭합니다. 외부 광선까지 적용되면 최종 화면 템플릿이 완성됩니다.

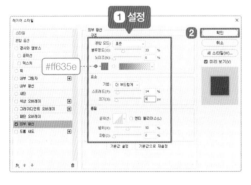

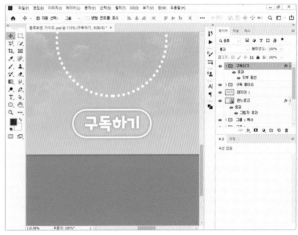

TIP 완성한 최종 화면은 유튜브에 업로드할 영상 콘텐츠를 편집할 때 맨 끝에 5~20초 길이로 배치한 후 영상으로 출력합니다. 그런 다음 유튜브에서 최종 화면 설정을 해야 합니다. 최종 화면 설정 방법은 유튜브나 블로그에서 '최종 화면 설정'으로 검색하면 쉽게 찾을 수 있습니다.

CHAPTER 03

구관이 명관,
블로그 운영을 위한 디자인

SNS와 유튜브가 새로운 마케팅 도구로 떠오르고 있지만
네이버 검색으로 블로그에 유입되는 비중은 무시할 수 없습니다.
저자는 유튜브에 프로그램 강의를 올리고 있지만,
유튜브 운영 이전부터 일상을 기록하고 서평, 제품 리뷰, 여행 리뷰 등을
작성하는 블로그를 운영하고 있어요.

LESSON

01 홈페이지형 블로그 디자인하기

지구별 여행자라는 가상의 블로그를 홈페이지처럼 표현할 수 있는 스킨을 제작해 봅니다. 기본 레이아웃은 1단으로 스킨 상단에 로고를, 하단에 아이콘 버튼을 배치합니다. 스킨을 완성한 후에는 네이버 블로그 레이아웃.위젯 설정에서 각 아이콘에 투명 위젯을 배치하고, 클릭 시 지정한 위치(게시판)로 이동하게 만들 수 있습니다. 네이버 블로그 설정 방법은 '네이버 블로그' 관련 도서를 참고하거나 인터넷에서 '홈페이지형 블로그 만들기'를 검색하면 자세한 정보를 얻을 수 있습니다.

- **주요 기능:** 색상 오버레이, 레이어 잠금, 그레이디언트 칠, 그림자, 레이어 마스크, 파형
- **무료 글꼴:** 여기어때 잘난체, 빙그레 따옴체
- **크기:** 2000 x 700픽셀
- **예제 파일:** 블로그스킨 가이드.psd, 해수욕장.jpg, 블로그 아이콘.psd
- **완성 파일:** 블로그 스킨.psd

▶ 동영상 강의

결과 미리 보기

기본 배경과 아이콘 영역 만들기

홈페이지형 블로그를 만들 때 가로 규격은 최대 3,000픽셀이고, 세로는 제한이 없습니다. 이번 예제는 2000×700픽셀 규격의 블로그 스킨을 디자인해 볼게요. 블로그 콘셉트인 '여행'에 맞게 시원한 바다를 상상할 수 있도록 전체적인 색감은 블루&화이트로 계획하고 디자인을 시작합니다.

01 예제 폴더에서 **블로그스킨 가이드.psd** 파일을 찾아 실행합니다. 2000×700픽셀의 캔버스가 열리고, 아이콘 위치를 안내선으로 표시해 놓은 상태입니다.

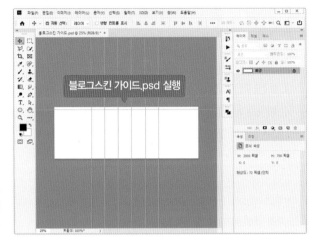

TIP 하늘색 안내선이 보이지 않으면 Ctrl + H 를 눌러 보세요.

02 예제 폴더에서 **해수욕장.jpg** 이미지 파일을 찾아 캔버스로 **클릭&드래그**합니다. 이미지에서 백사장 부분은 보이지 않게 크기와 위치를 조절하여 다음과 같이 수평선을 캔버스 중간 정도에 배치하고 Enter 를 눌러 완료합니다.

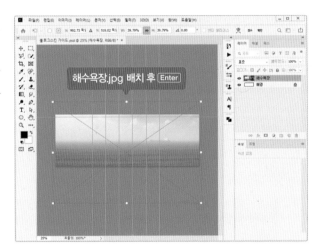

03 메뉴 바 영역을 만들기 위해 도구 패널에서 **①** 〈사각형 도구〉□를 선택하고, 옵션 패널에서 **②** 칠: #ffffff, 획: 없음, W: 2000픽셀, H: 160픽셀로 설정합니다. **③** 캔버스를 클릭하여 사각형 만들기 창이 뜨면 **④** [확인]을 클릭합니다.

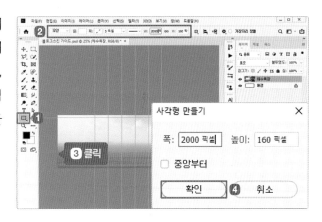

04 사각형이 그려지면 **①** 〈이동 도구〉✛를 선택한 후 **②** 캔버스 하단으로 클릭&드래그해서 배치합니다. 좀 더 정확하게 배치하려면 속성 패널에서 X: 0픽셀, Y: 540픽셀로 옵션 값을 입력해도 됩니다. 사각형과 배경 이미지가 자연스럽게 어울리도록 레이어 패널에서 **③** 불투명도: 70%로 조정합니다.

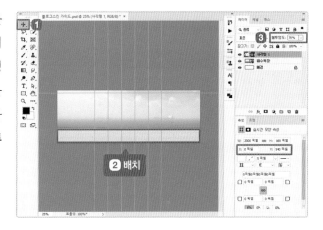

05 도구 패널에서 **①** 〈사각형 도구〉□를 선택하고 **②** 캔버스에서 클릭&드래그하여 사각형을 그립니다. 옵션 패널에서 **③** 칠: #ffffff, 획: 없음, W: 2000픽셀, H: 150픽셀로 설정한 후 속성 패널에서 **④** X: 0픽셀, Y: 545픽셀로 설정하여 앞서 만든 사각형 중앙에 배치합니다.

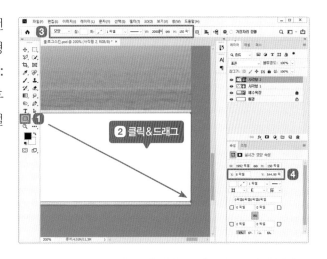

TIP 하나의 직사각형만 배치해도 메뉴 바를 만들 수 있지만 사각형을 겹쳐 디테일을 추가했습니다. 흰색 직사각형 하나만 덩그러니 배치하는 것보다는 배경과 자연스럽게 연결되는 느낌입니다.

메뉴 바 영역 완성하기

아이콘과 설명을 추가하여 버튼형 메뉴를 완성합니다. 실습에서는 첨부된 예제 파일(블로그 아이콘.psd)을
활용하지만 인터넷 검색 등으로 원하는 형태의 아이콘을 찾아 활용해도 좋습니다.

01 상단 메뉴에서 ❶ [파일 – 열기]를 선택해서([Ctrl]+[O]) 예제 폴더에 있는 **블로그 아이콘.psd** 파일을 별
도의 작업 창에서 엽니다. 레이어 패널에서 버튼으로 사용할 ❷ 아이콘이 그려져 있는 5개를 레이어를 모두
선택한 후 블로그 스킨 작업 창으로 [클릭&드래그]합니다.

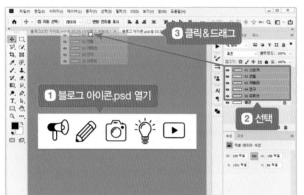 

02 복사해 온 5개의 레이어가 모두 선택된 상태로 ❶ [Ctrl]+[T]를 누른 후 옵션 패널에서 ❷ W,H: 24%로
설정하여 크기를 줄이고 ❸ [Enter]를 눌러 배치합니다. ❹ 〈이동 도구〉⊕를 선택한 후 ❺ 각 아이콘을 가이
드라인에 맞춰 배치합니다.

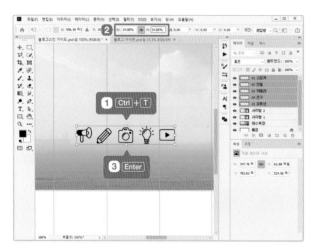 

TIP 레이어 패널에서 빈 공간을 클릭하면 레이어 선택을 해제할 수 있습니다. 선택을 해제한 후 각 아이콘 레이어를 선택해서 위
치를 옮깁니다.

03 ❶ 아이콘 레이어를 모두 선택한 후 Ctrl +G를 눌러 그룹으로 묶고, 그룹 이름을 더블 클릭하여 **아이콘**으로 변경합니다. 아이콘 색상을 일괄 변경하기 위해 [아이콘] 그룹 레이어를 선택하고 ❷ [레이어 스타일] 아이콘 fx을 클릭한 후 ❸ [색상 오버레이]를 선택합니다.

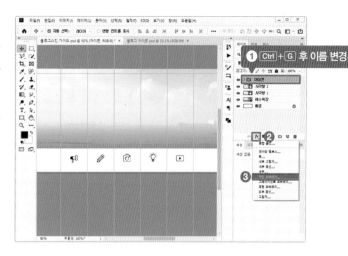

04 레이어 스타일 창이 열리면 ❶ 혼합 모드: 표준, 색상: #2683b5, 불투명도: 100%로 설정하고 ❷ [확인]을 클릭합니다. 아이콘 색이 푸른색으로 변경됩니다.

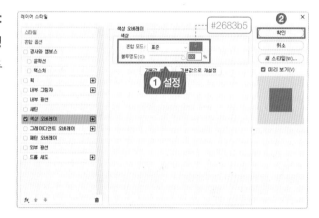

05 메뉴명을 입력하겠습니다. 도구 패널에서 ❶ 〈모서리가 둥근 직사각형 도구〉□를 선택하고 옵션 패널에서 ❷ 칠: #2683b5, 획: 없음, W: 90픽셀, H: 33픽셀로 설정한 후 ❸ 캔버스를 클릭합니다. 모서리가 둥근 사각형 만들기 창이 뜨면 ❹ 반경: 17픽셀로 설정하고 ❺ [확인]을 클릭합니다.

TIP 포토샵 2021부터는 〈모서리가 둥근 직사각형 도구〉가 사라졌습니다. 그러므로 〈사각형 도구〉를 선택하여 옵션을 설정하고, 캔버스를 클릭한 후 사각형 만들기 창에서 [반경]을 설정합니다.

06 메뉴명을 입력할 바가 그려지면, 〈이동 도구〉⊕를 이용해 아이콘 아래 배치하고, [Alt]를 누른 채 [클릭&드래그]하여 각 아이콘 아래 복제해서 배치합니다. 배치가 끝나면 속성 패널에서 메뉴명에 따라 바의 **W** 옵션 값만 변경합니다.

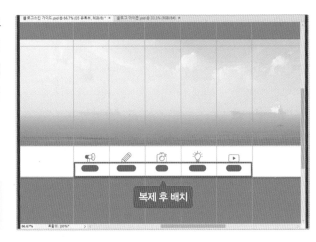

TIP 실습에서는 왼쪽부터 90x33, 100x33, 65x33, 90x33, 80x33 크기로 설정했습니다.

07 ❶ 〈수평 문자 도구〉T를 선택한 후 옵션 패널에서 ❷ **글꼴: 빙그레 따옴체, Regular, 크기: 18pt, 색상: #ffffff**로 설정합니다. ❸ [Shift]를 누른 채 각 메뉴명 영역을 클릭하여 메뉴명을 입력하고 ❹ [Ctrl]+[Enter]를 눌러 완료합니다.

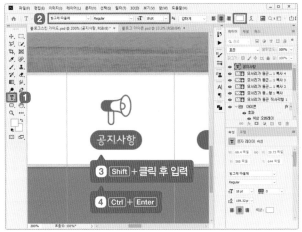

08 ❶ 아이콘 버튼 영역에 사용된 모든 레이어(메뉴명 텍스트 레이어, 메뉴명 입력 바 레이어, 메뉴 바 영역 레이어, 아이콘 레이어)를 선택하고 [Ctrl]+[G]를 눌러 그룹으로 묶고, ❷ 그룹 이름을 **메뉴바**로 변경합니다. 이후 변형을 방지하기 위해 ❸ [모두 잠그기] 아이콘을 클릭해 잠금 처리합니다.

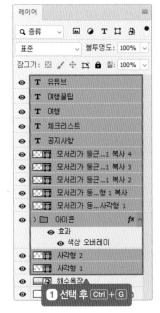

그레이디언트로 배경 톤 올리기

바다 배경에 그레이디언트를 합성하여 전체적으로 시원한 파란색 배경으로 변경하겠습니다. 배경 이미지에서 바다 영역은 그대로 두고 상대적으로 밝은 하늘 부분만 바다와 비슷한 시원한 파란색으로 합성하겠습니다. 로고를 흰색으로 표현할 예정이므로 가독성을 위해서 배경을 한 톤 어둡게 만드는 것입니다.

01 도구 패널에서 **1** **전경색: #1575a9**로 설정합니다. 레이어 패널에서 **2** [해수욕장] 이미지 레이어를 선택하고 **3** [조정 레이어] 아이콘 🖳을 클릭한 후 **4** [그레이디언트 칠]을 선택합니다.

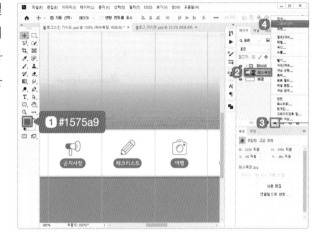

TIP 전경색을 더블 클릭하면 색상 피커 창이 열리고 원하는 색을 선택할 수 있습니다.

02 그레이디언트 칠 창이 열리면 기본 설정으로 **그레이디언트: 전경색에서 투명으로** 옵션이 설정되어 있으며, 왼쪽 정지점 색상은 앞서 설정한 전경색으로 지정되어 있습니다. **1** **각도: -90**으로 변경하여 아래쪽으로 갈수록 투명해지는 그레이디언트로 설정하고 **2** [확인]을 클릭합니다.

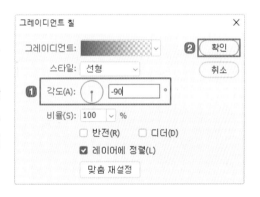

03 그레이디언트가 적용되면 레이어 패널에서 **혼합 모드: 곱하기**로 설정하여 자연스럽게 합성합니다. 메뉴 바 영역을 완성했으니 [Ctrl]+[H]를 눌러 안내선을 꺼도 좋습니다.

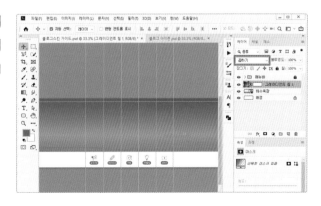

로고 만들어 배치하기

지구별 여행자라는 블로그 이름에 어울리는 로고를 만들어 볼게요. '지구별'이라는 키워드를 떠올릴 수 있는
원형의 도형을 추가하고, 개기일식 같은 느낌으로 로고를 완성해 보겠습니다.

01 ❶ 〈수평 문자 도구〉T를 선택하고
옵션 패널에서 ❷ 글꼴: 여기어때 잘난체, 크
기: 53pt, 색상: #ffffff로 설정합니다. 로고
가 배치될 ❸ 배경 이미지 중앙을 클릭하
고 **지구별 여행자**라고 입력합니다. ❹ Ctrl
+Enter를 눌러 입력을 마치고 속성 패널에
서 ❺ **자간: 50**으로 설정하여 텍스트 사이
간격을 넓힙니다.

02 흰색 로고를 더 잘 표현하기 위해 그림자를 추가하겠습니다. ❶ [레이어 스타일] 아이콘 _fx_ 을 클릭하고
❷ [그림자]를 선택합니다. 레이어 스타일 창이 열리면 ❸ **혼합 모드: 곱하기, 색상: #0083c9, 불투명도: 40%,
각도: 90, 거리: 6px, 스프레드: 11%, 크기: 18px**로 설정한 후 ❹ [확인]을 클릭합니다.

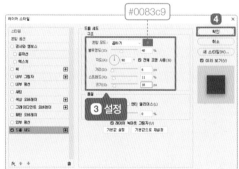

03 ❶ 〈수평 문자 도구〉T를 선택하고 영문 블로그 닉네임인 ❷ Creator Jwann를 입력한 후 ❸ Ctrl + Enter를 누릅니다. ❹ 글꼴: 여기어때 잘난체, 크기: 25pt, 색상: #ffffff로 설정하고 속성 패널에서 ❺ 자간: −20으로 변경하여 텍스트 간격을 좁힙니다.

04 도구 패널에서 〈사각형 도구〉▭의 하위 도구인 ❶ 〈타원 도구〉⬭를 선택하고 옵션 패널에서 ❷ 칠: 없음, 획: #ffffff, 4픽셀, W: 300픽셀, H: 300픽셀로 설정합니다. ❸ 로고 위치를 클릭하여 타원 만들기 창이 뜨면 ❹ [확인]을 클릭하여 정원을 그립니다.

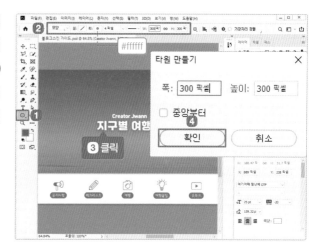

05 도구 패널에서 ❶ 〈이동 도구〉✛를 선택한 후 ❷ 정원을 클릭&드래그하여 위치를 조정하고, 레이어 패널에서 ❸ 원형 레이어를 로고 텍스트 레이어 아래쪽으로 옮깁니다.

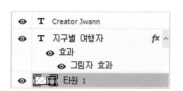

06 레이어 패널에서 정원을 그린 ❶ [타원1] 레이어를 선택한 후 Ctrl+J를 눌러 복제하고 ❷ 복제된 [타원 1 복사] 레이어의 눈 아이콘을 클릭해서 가립니다. 다시 ❸ [타원 1] 레이어를 선택하고 ❹ [레이어 마스크] 아이콘◩을 클릭하여 레이어 마스크를 추가합니다. 도구 패널에서 ❺ **전경색: #000000(검정)**으로 설정하고 ❻ 〈브러시 도구〉◪를 선택한 후 ❼ 원형과 텍스트가 겹치는 부분을 클릭&드래그해서 지웁니다.

07 ❶ [타원 1 복사] 레이어를 선택하고, ❷ 눈 아이콘을 클릭해서 다시 켭니다. 도구 패널에서 ❸ 〈타원 도구〉◯를 선택하고, 옵션 패널에서 ❹ **칠: #ffffff, 획: 없음**으로 설정하여 타원을 흰색으로 채웁니다.

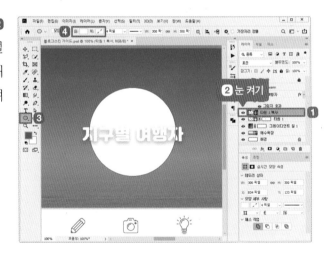

08 [타원 1 복사] 레이어가 선택된 상태에서 ❶ [레이어 마스크] 아이콘◩을 클릭합니다. 도구 패널에서 ❷ **전경색: #ffffff, 배경색: #000000**으로 설정하고 ❸ 〈그레이디언트 도구〉◪를 선택한 후 옵션 패널에서 ❹ **그레이디언트 사전 설정** 옵션을 클릭합니다.

09 그레이디언트 편집기 창이 열리면 **①** 사전 설정: 기본 사항−전경색에서 배경색으로로 설정하고 **②** [확인]을 클릭합니다.

10 캔버스에서 원형의 가장 아래쪽에서 중앙으로 `클릭&드래그`하면 원 아래쪽만 자연스럽게 흰색이 표현됩니다.

TIP 실습과 같은 결과가 나오지 않는다면 레이어 패널에서 [타원 1 복사] 레이어의 레이어 마스크 섬네일이 선택되어 있는지 확인해 보세요.

로고에 포인트 디자인하기

달이 지구를 도는 듯한 느낌으로 정원 주변에 반짝이는 달을 표현해 볼게요. 〈브러시 도구〉를 사용해 번
지는 느낌의 점을 찍고 다양한 효과를 적용해 완성합니다.

01 레이어 패널에서 ❶ [새 레이어] 아이콘을 클릭하여 ❷ [타원 1 복사] 위에 새로운 레이어를 추가합
니다. 도구 패널에서 ❸ **전경색: #ffffff**로 설정하고 ❹ 〈브러시 도구〉를 선택한 후 ❺ 캔버스에서 우클릭
하여 브러시 사전 설정 패널이 열리면 ❻ **일반 브러시-부드러운 원, 크기: 20픽셀**로 설정합니다. 이어서 ❼
원형의 상단 테두리를 클릭하여 점을 찍습니다.

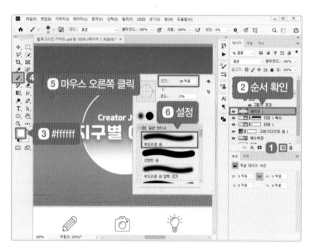 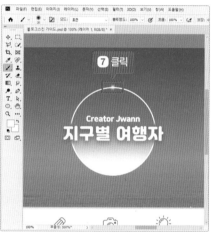

02 ❶ Ctrl + T 를 눌러 자유 변형 모드로 전
환한 후 ❷ Shift 를 누른 채 좌우에 조절점을
클릭&드래그 하여 길이를 늘린 후 ❸ Enter 를 눌
러 적용합니다.

TIP Shift + Alt 를 누른 채 왼쪽 또는 오른쪽 중앙
에 있는 조절점을 클릭&드래그하면 양쪽이 동시에 조
절됩니다.

03 한 번 더 ❶ Ctrl + T 를 눌러 자유 변형 모드로 전환하고 ❷ 마우스 우클릭 후 ❸ [뒤틀기]를 선택합니다. ❹ 좌우 양쪽 하단에 있는 조절점을 각각 아래로 클릭&드래그 하여 타원을 감싸듯 휘어지는 빛 모양으로 변형하고 ❺ Enter 를 눌러 적용합니다.

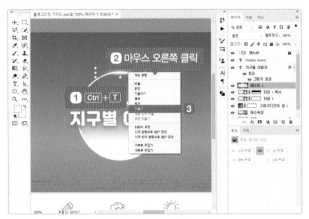

04 점을 찍었던 ❶ [레이어 1] 레이어를 선택한 후 Ctrl + J 를 눌러 복제하고 ❷ Ctrl + T 를 누릅니다. 자유 변형 모드로 전환되면 ❸ Alt 를 누른 채 조절점을 안쪽으로 클릭&드래그 해서 크기를 살짝 줄인 후 ❹ Enter 를 눌러 적용합니다. 중앙 부분이 더 진하게 표현됩니다.

TIP Alt 를 누른 채 클릭&드래그하면 개체의 중앙을 고정한 채 크기를 변경할 수 있습니다.

05 레이어 패널에서 ❶ 로고와 관련된 모든 레이어를 선택한 후 Ctrl + G 를 눌러 그룹으로 묶고, ❷ 그룹 이름을 **로고**로 변경합니다.

스킨 꾸미기 1, 물결 무늬

블로그 스킨 디자인은 이제 거의 마무리 단계입니다. 현재 상태로 사용해도 충분하지만 좀 더 보기 좋게 꾸미는 시간이에요. 간단하게 별 모양과 물결 무늬를 추가해 볼게요.

01 도구 패널에서 ❶ 〈사용자 정의 모양 도구〉를 선택하고, 옵션 패널에서 ❷ **모양, 칠: #ffffff, 획: 없음**으로 설정합니다. 계속해서 ❸ **모양: 레거시 모양 및 기타-모든 레거시 기본 모양-모양-5포인트 별(5포인트 별 프레임)**으로 설정합니다. 캔버스에서 ❹ **클릭&드래그**하여 적당한 크기로 별을 여러 개 그립니다.

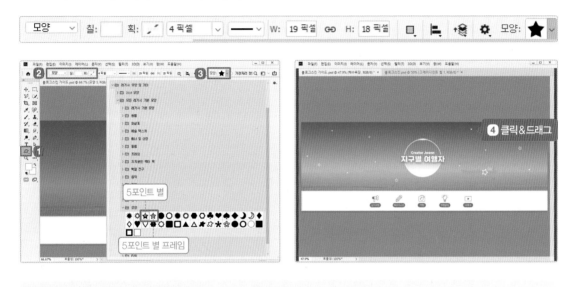

TIP 모양에 '레거시 모양 및 기타' 항목이 보이지 않는다면 134쪽을 참고하여 추가한 후 선택해야 합니다.

02 도구 패널에서 〈사각형 도구〉의 하위 도구인 ❶ 〈선 도구〉를 선택하고, 옵션 패널에서 ❷ **모양, 칠: #ffffff, 획: 없음, 두께: 2픽셀**로 설정합니다. 캔버스에서 ❸ **Shift**를 누른 채 **클릭&드래그**하여 배경에 **250픽셀** 길이로 직선을 그립니다.

TIP 클릭&드래그할 때 옵션 값이 표시되므로 원하는 길이로 그릴 수 있습니다. 정확하게 250픽셀을 맞추기 어렵다면 비슷한 값으로 작업하면 됩니다.

03 상단 메뉴에서 ❶ [필터 – 왜곡 – 파형]을 선택합니다. 직선을 고급 개체로 변경하거나 래스터화하라는 안내 창이 나오면 ❷ [래스터화]를 클릭합니다.

> **TIP** 고급 개체는 원본을 보존한 채 형태를 변경할 수 있는 옵션입니다. 굳이 원본을 보존할 필요는 없으므로 래스터화하면 됩니다.

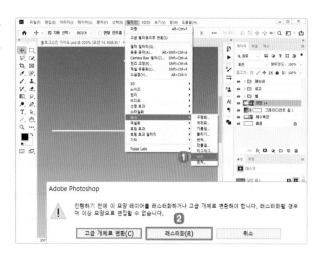

04 파형 창이 열리면 ❶ 제너레이터 수: 1, 파장: 1~27, 진폭: 1~10, 비율: 100%, 유형: 사인파로 설정하고 ❷ [확인]을 클릭합니다.

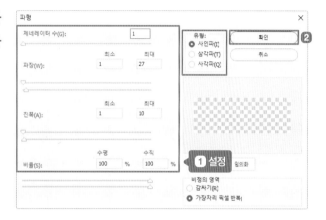

05 직선이 물결 무늬로 변경되었습니다. 물결 무늬의 좌우 끝 방향이 다르다면, 도구 패널에서 ❶ 〈지우개 도구〉를 선택하고 ❷ 물결의 오른쪽 끝을 지워서 좌우가 같은 모양이 되도록 수정합니다.

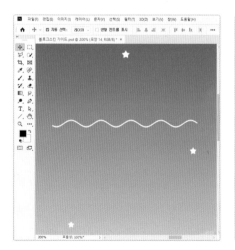
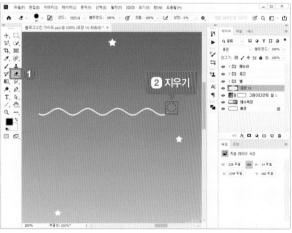

06 ❶ 〈이동 도구〉⊞를 선택한 후 캔버스에서 ❷ Alt 를 누른 채 살짝 위로 클릭&드래그하여 물결 무늬를 복제하여 추가 배치합니다. ❸ 레이어 패널에서 2개의 물결 무늬 레이어를 선택하여 Ctrl + G 를 눌러 그룹으로 묶고, ❹ 그룹 이름을 **물결**로 변경한 후 ❺ **불투명도: 70%**로 조정하여 배경에 자연스럽게 합성합니다.

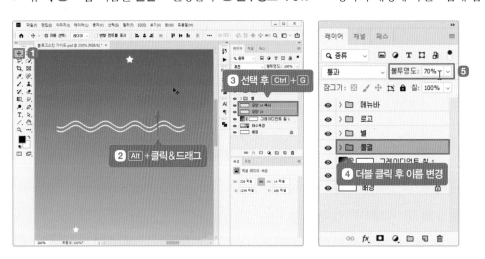

07 [물결] 그룹 레이어를 선택하고 Ctrl + J 를 여러 번 눌러 복제합니다. 〈이동 도구〉⊞를 이용하여 배경 화면에서 적절한 위치에 배치합니다. 실습에서는 총 5개의 물결을 배치했습니다.

> **TIP** 캔버스에서 그룹으로 묶인 개체를 옮길 때 〈이동 도구〉를 선택하고, 옵션 패널에서 **자동 선택**에 체크되어 있다면 **자동 선택: 그룹**으로 설정해야 합니다.

스킨 꾸미기 2, 별똥별 연출하기

계속해서 지구별 여행자 주변으로 별똥별이 떨어지는 모양을 연출해 보겠습니다. 지구를 회전하는 달을 표현한 것과 유사한 방법으로 점을 찍고 변형하여 별똥별을 표현합니다.

01 ❶ [새 레이어] 아이콘⊞을 클릭하여 새 레이어를 추가하고 ❷ [물결] 그룹 아래로 옮깁니다. 도구 패널에서 ❸ **전경색: #ffffff(흰색)**로 설정하고 ❹ 〈브러시 도구〉 ☑를 선택한 후 ❺ 캔버스에서 우클릭합니다. 브러시 설정 패널이 열리면 ❻ **일반 브러시−선명한 원, 크기: 4픽셀**로 설정합니다.

02 ❶ 별똥별 표시할 곳을 클릭하여 점을 찍습니다. 도구 패널에서 ❷ 〈사각형 선택 윤곽 도구〉 ▢를 선택하고 ❸ 점의 오른쪽 끝부분만 살짝 포함되도록 범위를 클릭&드래그 하여 선택 영역을 지정합니다. ❹ Ctrl +T를 눌러 자유 변형 모드로 전환하고 ❺ Shift를 누른 채 오른쪽 중앙에 있는 조절점을 오른쪽으로 길게 클릭&드래그 하면 별똥별 꼬리처럼 표현됩니다. ❻ Enter를 눌러 완료하고, Ctrl + D를 눌러 선택 영역을 해제합니다.

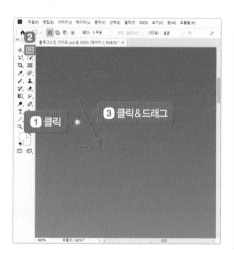
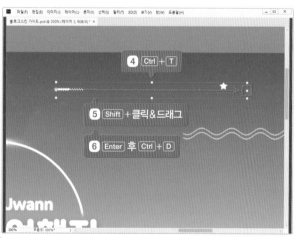

03 별똥별이 선택된 상태로 Ctrl+J를 눌러 복제하고, 복제한 별똥별은 앞서와 같은 방법으로 꼬리를 더 길게 조정하여 아래쪽에 배치합니다.

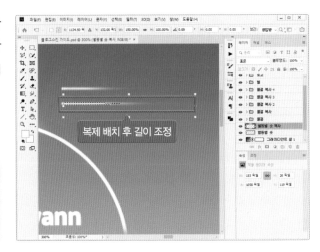

TIP 캔버스에서 Ctrl+J를 눌러 복제하면 원본 위치에 동일하게 겹쳐서 배치됩니다. 그러므로 〈이동 도구〉를 선택한 후 클릭&드래그하면 복제된 별똥별을 확인할 수 있습니다.

04 레이어 패널에서 ❶ 두 개의 별똥별 레이어를 선택한 후 ❷ Ctrl+T를 눌러 자유 변형 모드로 전환합니다. ❸ 옵션 패널을 이용하거나 조절점 바깥쪽에서 클릭&드래그하여 **각도: -45** 로 회전하고 ❹ Enter를 눌러 적용합니다.

TIP 실습에서는 별똥별 레이어 이름을 각각 별똥별 숏, 별똥별 롱으로 변경한 상태입니다.

05 ❶ 별똥별 레이어를 여러 개 복제한 후 로고 주변에 보기 좋게 배치하여 스킨을 완성합니다. 캔버스에서 Alt를 누른 채 클릭&드래그하면 손쉽게 복제하여 배치할 수 있으며, 이후 관리를 위해 ❷ 별똥별 관련 레이어를 모두 선택한 후 Ctrl+G를 눌러 그룹으로 묶고 이름을 변경합니다.

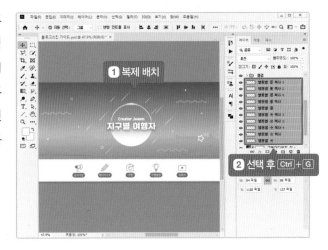

LESSON

02 정사각형 블로그 섬네일 디자인하기

인기 많은 블로그를 방문해 보면 평범한 글줄의 나열이 아닌 일정한 형태의 섬네일 이미지가 나열되어 있는 경우가 많습니다. 이런 배치는 네이버 글보기 설정을 블로그형이 아닌 앨범형으로 설정한 상태로, 잘 관리된 블로그일수록 통일성 있고, 눈에 띄는 섬네일을 사용합니다. 섬네일을 제작할 때 정해진 규격이나 비율 제한은 없지만 검색 시 대표 이미지로 설정한 이미지가 정사각형으로 노출됩니다.

이 책은 디자인에 중점을 맞춘 책으로 설정 방법은 생략합니다. 블로그 설정 등은 검색을 통해 손쉽게 파악할 수 있을 것입니다.

- **주요 기능:** 안내선, 그림자, 정렬, 사용자 정의 모양
- **무료 글꼴:** Noto Sans CJK KR(구글 노토산스), Sandoll 국대떡볶이
- **크기:** 600×600픽셀
- **예제 파일:** 제주도.jpg
- **완성 파일:** 블로그 섬네일 가로.psd

결과 미리 보기

폴라로이드 느낌 사진 만들기

폴라로이드를 떠올리면 상단은 사진, 하단은 빈 여백의 기본 형태가 생각날 것입니다. 여기서 만들 섬네일
이 바로 그런 형태입니다. 사진을 배치한 후 그림자를 추가하면 좀 더 폴라로이드처럼 연출할 수 있습니다.

01 ❶ Ctrl + N 을 눌러 새로 만들기 문서 창
을 엽니다. ❷ **폭/높이: 600픽셀, 해상도: 72픽
셀/인치**로 설정하고 ❸ [제작]을 클릭해 새로운
작업 창을 생성합니다.

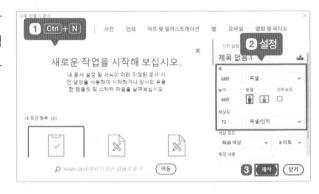

02 상단 메뉴에서 ❶ [보기 – 새 안내선]을
선택하고 새 안내선 창이 열리면 ❷ **방향: 가로,
위치: 400**으로 설정하고 ❸ [확인]을 클릭하여
사진과 텍스트 영역 구분선을 표시합니다.

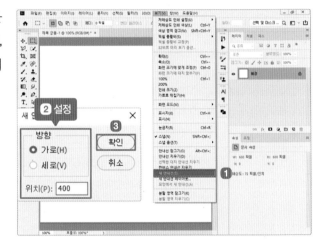

03 예제 폴더에서 **제주도.jpg** 파일을 찾아
캔버스로 클릭&드래그 하고, 크기나 위치를 조절
하여 안내선 기준 위쪽으로 실제 표시될 부분
을 배치한 후 Enter 를 눌러 완료합니다.

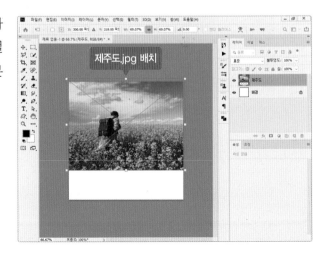

04 도구 패널에서 ❶ 〈사각형 도구〉□를 선택하고 옵션 패널에서 ❷ 모양, 칠: 없음, 획: #ffffff, 15픽셀, W: 600픽셀, H: 400픽셀로 설정합니다. ❸ 캔버스를 클릭하고 사각형 만들기 창이 열리면 ❹ [확인]을 클릭합니다. 흰색 사각형 테두리가 표시됩니다.

05 ❶ 〈이동 도구〉⊕를 선택한 후 ❷ 흰색 사각형 테두리를 안내선 위쪽으로 `클릭&드래그`하여 배치한 후 그림자를 추가하기 위해 레이어 패널에서 ❸ [레이어 스타일] 아이콘 fx 을 클릭하고 ❹ [그림자]를 선택합니다. 레이어 스타일 창이 뜨면 ❺ 혼합 모드: 곱하기, 색상: #000000, 불투명도: 35%, 각도: 90, 거리: 3px, 스프레드: 0%, 크기: 7px로 설정하고 ❻ [확인]을 클릭합니다.

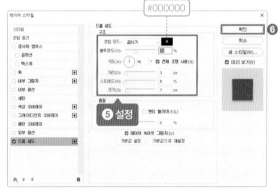

06 레이어 패널에서 ❶ [새 레이어] 아이콘 □을 클릭하여 새로운 레이어를 추가합니다. 도구 패널에서 ❷ 전경색: #ffffff으로 설정한 후 ❸ 〈사각형 선택 윤곽 도구〉□를 선택하고 ❹ 캔버스에서 안내선 아래쪽을 `클릭&드래그`하여 선택 영역으로 지정합니다.

07 Alt + Delete 를 눌러 선택 영역에 전경색
을 채우고 Ctrl + D 를 눌러 선택 영역을 해제
하면 가장 기본적인 폴라로이드 사진 느낌이
완성됩니다.

카테고리 아이콘 만들기

이제 장식 등을 추가하여 섬네일을 꾸밉니다. 여기서는 아이콘을 추가할텐데요, 단순히 꾸미기 용도가 아
닌, 아이콘의 색과 내용으로 포스팅 카테고리를 표현해 줄 수 있습니다.

01 도구 패널에서 〈사각형 도구〉▣의 하위 도구인 ❶ 〈타원 도구〉◯를 선택하고 옵션 패널에서 ❷ 모양,
칠: #1c71ff, 획: #ffffff, 7픽셀, W: 143픽셀, H: 143픽셀로 설정합니다. ❸ 사진과 텍스트 영역의 경계를
클릭하고 타원 만들기 창이 뜨면 ❹ [확인]을 클릭합니다.

> **TIP** 칠 또는 획 옵션을 클릭한 후 팝업 창에서 오른쪽 위에 있는 [색상 피커] 아이콘▣을 클릭하면 색을 변경할 수 있습니다.

02 레이어 패널에서 **①** Ctrl 을 누른 채 [타원1]과 [배경] 레이어를 클릭해서 선택합니다. 도구 패널에서 **②** 〈이동 도구〉⊞를 선택한 후 옵션 패널에서 **③** [수평 중앙 정렬] 아이콘을 클릭하면 타원이 가로로 중앙에 배치됩니다.

03 〈사각형 도구〉▢의 하위 도구인 **①** 〈사용자 정의 모양 도구〉⊗를 선택하고 옵션 패널에서 **②** 모양, 칠: #ffffff, 획: 없음으로 설정합니다. **③** 모양 옵션을 클릭하고 **④** 원하는 모양을 선택합니다.

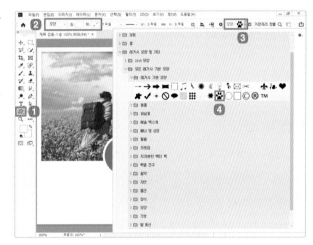

> **TIP** 예제에서는 모양을 '모든 레거시 기본 모양-레거시 기본 모양-고양이 발바닥'으로 선택했습니다. 모양 패널에 '모든 레거시 기본 모양'이 없다면 134쪽을 참고해 추가한 후 사용해야 합니다. 이외에도 인터넷에서 'photoshop shape'로 검색하면 좀 더 다양한 모양을 찾아 활용할 수 있습니다.

04 **①** Shift 를 누른 채 원형 위에서 클릭&드래그 하여 선택한 모양을 그립니다. **②** 〈이동 도구〉⊞를 선택한 후 **③** Alt 를 누른 채 클릭&드래그 해서 오른쪽에 복제 배치합니다.

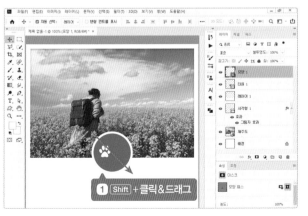

05 ❶ 〈수평 문자 도구〉 T 를 선택하고 옵션 패널에서 ❷ **글꼴: Sandoll 국대떡볶이, 01Light, 크기: 22pt, 색상: #ffffff**로 설정합니다. ❸ 원형 위를 클릭하고 카테고리 제목(두발 여행)을 입력한 후 ❹ Ctrl + Enter 를 눌러 완료합니다.

🖋 포스팅 제목 입력하기

포스팅 제목은 눈에 띄게 크고 두꺼운 글꼴을 사용하고, 부제목이나 분류 구분 등은 제목 위쪽에 작게 배치합니다. 섬네일 사용 시 실제 이미지 크기보다 작게 보이는 특성을 고려하여 깔끔하고 가독성 좋은 글꼴을 사용했습니다.

01 ❶ 〈수평 문자 도구〉 T 를 선택한 후 ❷ 텍스트 영역을 클릭하고 부제목인 **여자 혼자 제주도 여행**을 입력하고 ❸ Ctrl + Enter 를 누릅니다. 옵션 패널에서 ❹ **글꼴: Noto Sans CJK KR, Regular, 크기: 30pt, 색상: #525252, 가운데 정렬**로 설정합니다.

02 ❶ 부제목 아래쪽을 클릭해서 제목인 **제주 유채꽃 축제**를 입력하고 ❷ [Ctrl]+[Enter]를 누릅니다. 옵션 패널에서 ❸ **크기: 50pt, Bold, 색상: #1c71ff**로 설정을 변경합니다.

03 레이어 패널에서 ❶ 텍스트 레이어 2개 (제목과 부제목)를 선택합니다. ❷ 〈이동 도구〉 ⊕를 선택한 후 옵션 패널에서 ❸ [수평 중앙 정렬] 아이콘을 클릭해서 위치를 정렬하고 ❹ [Ctrl]+[Shift]+[S]를 눌러 최종 결과를 저장합니다.

03 원형 블로그 섬네일 디자인하기

정사각형 섬네일과 함께 자주 사용하는 형태가 원형입니다. 지난 레슨과 동일한 주제로 원형 섬네일을 제작해 보겠습니다. 별도의 텍스트 영역이 없으므로 사진을 한 톤 어둡게 표현하고 흰색으로 제목을 입력합니다.

- **주요 기능:** 프레임 도구, 조정 레이어
- **무료 글꼴:** Noto Sans CJK KR(구글 노토산스), Sandoll 국대떡볶이
- **크기:** 600×600픽셀
- **예제 파일:** 제주도.jpg
- **완성 파일:** 블로그 섬네일 원형.psd

결과 미리 보기

원형 배경 만들기

포토샵 CC 2019에서 추가된 기능인 〈프레임 도구〉⊠를 활용해 원형 사진을 만들어 볼게요. 사진 위에 텍스트를 올리는 디자인이라 검은 레이어를 추가해 사진을 한 톤 어둡게 만드는 작업이 포인트입니다.

01 ❶ Ctrl + N 을 눌러 새로 만들기 문서 창을 열고 ❷ **폭/높이: 600픽셀, 해상도: 72픽셀/인치**로 설정한 후 ❸ [제작]을 클릭하여 새로운 작업 창을 만듭니다.

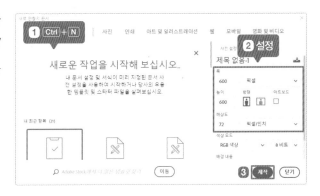

02 도구 패널에서 ❶ 〈프레임 도구〉⊠를 선택한 후 ❷ 옵션 패널에서 [원형 프레임] 아이콘을 클릭합니다. 캔버스에서 ❸ 클릭&드래그 하여 원형 프레임을 그립니다.

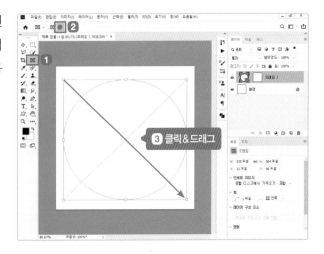

03 속성 패널에서 ❶ **W/H: 600픽셀, X/Y: 0픽셀**로 설정하여 프레임을 캔버스에 가득 차게 배치한 후 ❷
이미지 옵션을 클릭하여 ❸ [로컬 디스크에서 가져오기 – 포함]을 선택합니다. 가져오기 창이 열리면 예제 폴
더에서 ❹ **제주도.jpg** 파일을 선택하고 ❺ [가져오기]를 클릭하거나, 파일을 더블 클릭합니다.

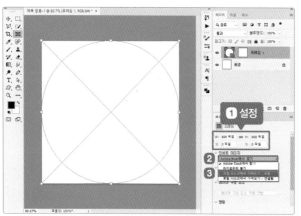 

04 프레임 안에 사진이 배치됩니다. 레이어
패널에서 ❶ Ctrl 을 누른 채 프레임 레이어에
있는 원형 프레임 섬네일을 클릭합니다. 프레
임 크기에 따라 원형 선택 영역이 지정됩니다.
❷ [조정 레이어] 아이콘 ⬤ 을 클릭한 후 ❸ [단
색]을 선택합니다.

TIP 프레임 안에 배치된 사진의 크기나 위치는 레
이어 패널에서 프레임 레이어의 이미지 섬네일을 선
택한 후 Ctrl + T 를 눌러 조절할 수 있습니다.

05 색상 피커 창이 열리면 ❶ **색상: #000000(검정)**으로 설정하고 ❷ [확인]을 클릭합니다. 레이어 패널에
조정 레이어가 추가되면 ❸ **불투명도: 50%**로 조정하여 검정 톤의 이미지를 완성합니다.

06 도구 패널에서 **①** 〈타원 도구〉◯를 선택하고 옵션 패널에서 **②** **모양, 칠: 없음, 획: #ffffff, 5픽셀, W/H: 580픽셀**로 설정합니다. **③** 캔버스를 클릭해서 타원 만들기 창이 뜨면 **④** [확인]을 클릭합니다.

07 **①** 〈이동 도구〉✛를 선택한 후 **②** 흰색 테두리를 `클릭&드래그`하여 캔버스 중앙에 배치합니다. `클릭&드래그`하면 고급 안내선을 표시되어 원하는 위치에 배치할 수 있습니다.

> **TIP** 상단 메뉴에서 [보기-스냅]과 [보기-표시-고급 안내선]이 활성화되어 있으면 배치가 수월합니다.

08 레이어 패널에서 흰색 테두리 레이어를 선택하고 **불투명도: 50%**로 낮춰 배경과 자연스럽게 합성합니다.

로고 및 제목 배치하기

로고 및 제목 배치 방법은 정사각형 섬네일과 동일합니다. 그러므로 지난 실습을 완성했다면 해당 레이어를 그대로 복사해서 활용하면 됩니다. 여기서는 간단하게 과정만 소개하니 내용이 이해되지 않는다면 220쪽 정사각형 블로그 섬네일 디자인에서 '카테고리 아이콘 만들기'와 '포스팅 제목 입력하기'를 다시 한 번 복습해 보세요.

> **TIP** 레이어 선택 해제하기
>
> 레이어 패널에서 텍스트 또는 도형 레이어가 선택된 상태로 옵션 값을 변경하면 기존 텍스트 또는 도형의 옵션 값이 변경됩니다. 그러므로 새로운 텍스트나 도형을 추가하기 위해 옵션 값을 변경할 때는 선택 중인 레이어를 해제해야 합니다. Windows에서는 단축키 Alt + S + S 를 누르면 되지만 macOS에서는 해당 단축키를 사용할 수 없습니다. 이외에 다음과 같은 방법으로 레이어 선택을 해제할 수 있습니다.
>
> • 레이어 패널에서 빈 공간 클릭
> • Ctrl 을 누른 채 선택 중인 레이어 클릭
> • 상단 메뉴에서 [선택–레이어 선택 해제]

01 레이어 선택을 해제한 후 ❶ 〈타원 도구〉 ◎를 선택하고 옵션 패널에서 ❷ **모양, 칠: #1c71ff, 획: 없음, W/H: 130픽셀**로 설정합니다. ❸ 타원 만들기 창이 뜨면 [확인]을 클릭하여 다음과 같이 배치합니다.

02 레이어 선택을 해제한 후 ❶ 〈사용자 정의 모양 도구〉 ⚘를 선택하고 옵션 패널에서 ❷ **모양, 칠: #ffffff, 획: 없음, 모양: 고양이 발바닥**으로 설정합니다. 캔버스에서 클릭&드래그 하여 아이콘을 그린 후 복제하여 2개를 배치합니다.

03 ❶ 〈수평 문자 도구〉[T]를 선택하고 ❷ 글꼴: Sandoll 국대떡볶이, 01Light, 크기: 22pt, 색상: #ffffff로 설정하여 ❸ 아이콘 아래쪽에 카테고리를 입력합니다.

04 계속해서 옵션 패널에서 ❶ 부제목을 입력한 후 글꼴: Noto Sans CJK KR, Regular, 사이즈: 43pt로 설정하고, ❷ 포스팅 제목을 입력한 후 Bold, 크기: 73pt로 변경합니다.

05 ❶ 제목과 부제목 텍스트 레이어를 선택하고, 도구 패널에서 ❷ 〈이동 도구〉[⊕]를 선택한 후 옵션 패널에서 ❸ [수평 중앙 정렬] 아이콘을 클릭하여 위치를 정리한 후 저장합니다([Ctrl]+[Shift]+[S]).

04 블로그 배너(위젯) 만들기

내 블로그에서 다른 웹사이트나 특정 게시물 등으로 바로 이동하거나, 안내를 위해 배치하는 배너(위젯) 디자인을 해 볼게요. 네이버 블로그 위젯은 가로 170픽셀 기준으로 제작합니다. 하지만 수월하게 작업하기 위해 500픽셀로 완성 한 후 크기를 줄여서 사용하겠습니다. 그레이디언트를 활용해 입체감 있는 배지형 배너(위젯)를 완성해 보세요.

- **주요 기능:** 다각형 도구, 그레이디언트 오버레이, 정렬, 패스, 모양 병합, 이미지 크기
- **무료 글꼴:** Noto Sans CJK KR(구글 노토산스)
- **크기:** 500×600픽셀
- **예제 파일:** Adobe-Logo.png
- **완성 파일:** 블로그 배너.psd

결과 미리 보기

기본 배너 아이콘 만들기

〈다각형 도구〉◎를 사용해 외곽이 뾰족뾰족한 기본 형태를 만듭니다. 이번 실습을 잘 활용하면 상장이나 배지, 스티커 등을 만들 때 응용할 수 있을 거예요.

01 ❶ Ctrl + N을 눌러 새로 만들기 문서 창이 열리면 ❷ 폭: 500픽셀, 높이: 600픽셀, 해상도: 72픽셀/인치로 설정하고 ❸ [제작]을 클릭해 새로운 작업 창을 만듭니다.

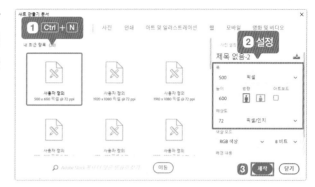

02 도구 패널에서 〈사각형 도구〉□의 하위 도구인 ❶ 〈다각형 도구〉◎를 선택하고 옵션 패널에서 ❷ 모양, 칠: #000000(검정), 획: 없음, W/H: 420픽셀, 측면: 40으로 설정한 후 ❸ 캔버스를 클릭합니다. 다각형 만들기 창이 열리면 ❹ 별 체크, 측면 들여쓰기 기준: 5%로 설정하고 ❺ [확인]을 클릭합니다.

TIP **다각형 만들기 창에서 다양한 형태로 응용하기**

다각형 만들기 창에서 **가장자리 매끄럽게** 옵션에 체크하면 병뚜껑 같은 모양의 다각형을 만들 수 있고, **모퉁이 매끄럽게** 옵션을 추가로 체크하면 움푹 들어간 부분까지 둥근 모양으로 표현할 수 있습니다.

△ 가장자리 매끄럽게 　　　△ 모퉁이 매끄럽게

03 뾰족한 부분이 40개인 다각형이 그려집니다. 레이어 패널에서 **1** [레이어 스타일] 아이콘 **fx**을 클릭한 후 **2** [그레이디언트 오버레이]를 선택합니다.

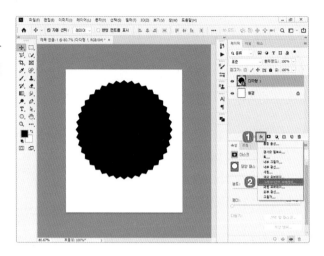

04 레이어 스타일 창이 열리면 **1** 혼합 모드: 표준, 그레이디언트: 전경색에서 배경색으로(왼쪽: #ff9966, 오른쪽: #ff5e62), 스타일: 선형, 각도: −120, 비율: 100%로 설정하고 [확인]을 클릭합니다.

> **TIP** 그레이디언트 설정은 **그레이디언트** 옵션을 클릭한 후 그레이디언트 편집기 창이 열리면 **사전 설정: 기본 사항−전경색에서 배경색으로**로 설정한 후 왼쪽과 오른쪽 정지점 색상을 각각 변경하면 됩니다.

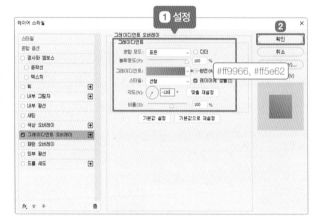

05 기본 다각형을 꾸미기 위해 도구 패널에서 **1** 〈타원 도구〉 ◯ 를 선택하고, **2** 캔버스에서 클릭&드래그 하여 타원을 그립니다. 옵션 패널에서 **3** 모양, 칠: 없음, 획: #ffffff, 3픽셀, W/H: 355픽셀로 설정합니다.

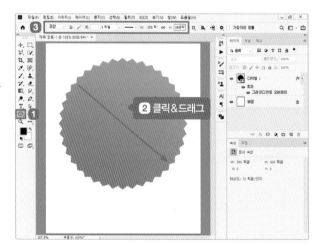

06 레이어 패널에서 ❶ 두 개의 도형 레이어를 선택합니다. ❷ 〈이동 도구〉 ➕를 선택한 후 옵션 패널에서 ❸ [수평 중앙 정렬], [수직 가운데 정렬] 아이콘을 각각 클릭하여 정렬합니다.

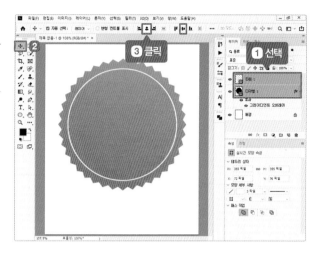

🖋️ 로고 및 텍스트 입력하기

배너 안쪽에 어도비 로고와 설명 텍스트를 추가하겠습니다. 원형에 가까운 형태이므로 로고와 텍스트를 가운데 정렬로 배치하면 시각적으로 안정적입니다.

01 예제 폴더에서 ❶ Adobe-Logo.png 파일을 찾아 캔버스로 클릭&드래그 한 후 크기와 위치를 조절하고 Enter 를 눌러 배치를 완료합니다. 실습에서는 45% 크기로 축소해서 배치했습니다. 레이어 패널에서 추가된 ❷ [Adobe-Logo] 레이어를 선택한 후 ❸ [레이어 스타일] 아이콘 fx 을 클릭하고 ❹ [색상 오버레이]를 선택합니다.

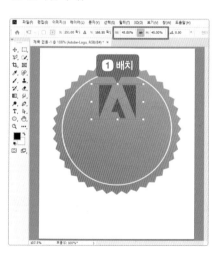
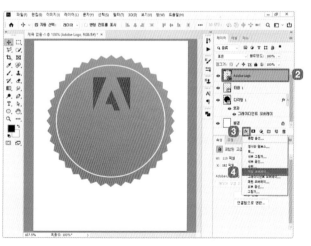

02 레이어 스타일 창이 뜨면 **①** 혼합 모드: 표준, 색상: **#ffffff(흰색)**로 설정한 후 **②** [확인]을 클릭합니다. 로고가 흰색으로 변경됩니다.

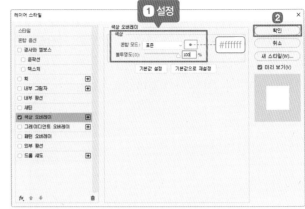

03 도구 패널에서 **①** 〈수평 문자 도구〉 T 를 선택하고 옵션 패널에서 **②** 글꼴: Noto Sans CJK KR, Medium, 크기: 83pt, 색상: **#ffffff**로 설정하여 **③** JWANN을 입력한 후 **④** Ctrl + Enter 를 누릅니다. 이어서 **⑤** PHOTOSHOP을 입력하고 **⑥** Ctrl + Enter 를 눌러 완료한 후 **⑦** 글꼴: Noto Sans CJK KR, Regular, 크기: 38pt로 변경합니다.

04 레이어 패널에서 **①** 로고와 텍스트 레이어를 모두 선택한 후 **②** 〈이동 도구〉 ✛ 를 선택하고 옵션 패널에서 **③** [수평 중앙 정렬] 아이콘을 클릭하여 정렬합니다.

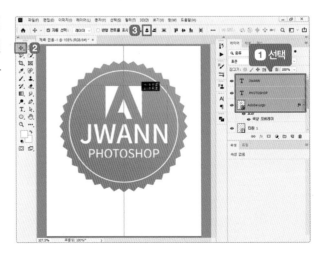

리본 장식으로 완성도 높이기

온전한 리본 형태를 위해 리본 장식을 추가합니다. 기본 사각형을 그린 후 형태를 변형해 리본 모양을 만들겠습니다. 사각형 모양을 패스로 변환한 후 모양을 수정하는 방법이 이번 실습의 핵심입니다.

01 도구 패널에서 ❶ 〈사각형 도구〉□를 선택하고 옵션 패널에서 ❷ **모양, 칠: #000000, 획: 없음, W: 225픽셀, H: 55픽셀**로 설정합니다. ❸ 캔버스를 클릭하여 사각형 만들기 창이 뜨면 ❹ [확인]을 클릭합니다.

02 도구 패널에서 〈패스 선택 도구〉▶의 하위 도구인 ❶ 〈직접 선택 도구〉▷를 선택합니다. 캔버스에서 ❷ 사각형의 오른쪽 하단 꼭짓점이 포함되도록 `클릭&드래그`하여 범위를 지정하면 오른쪽 하단 꼭짓점만 선택됩니다. 선택한 꼭짓점의 위치를 조절하기 위해 ❸ `Shift`+`←`를 누르고, 모양을 보통 패스로 변환할지 묻는 안내 창이 나타나면 ❹ [예(Y)]를 클릭합니다.

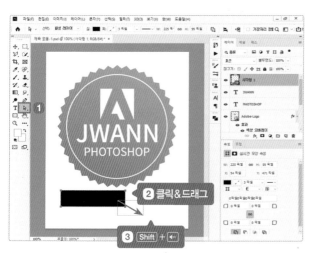

TIP 〈패스 선택 도구〉의 단축키는 `A`이고, 〈패스 선택 도구〉가 선택 중인 상태에서 하위 도구인 〈직접 선택 도구〉로 전환하려면 `Shift`+`A`를 누릅니다.

03 보통 패스로 전환되면서 선택한 꼭짓점이 왼쪽으로 10px 이동됩니다. [Shift]+[←]를 4번 더 눌러 총 50px 왼쪽으로 옮기고 [Enter]를 눌러 완료합니다.

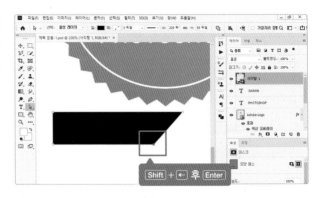

04 레이어 패널에서 ❶ [사각형 1] 레이어를 선택한 후 [Ctrl]+[J]를 눌러 복제하고, ❷ [Ctrl]+[T]를 눌러 자유 변형 모드로 전환합니다. 캔버스에서 사각형을 ❸ 우클릭한 후 ❹ [세로로 뒤집기]를 선택하고 ❺ [Enter]를 누릅니다. 2개의 사각형이 하나의 리본처럼 보입니다.

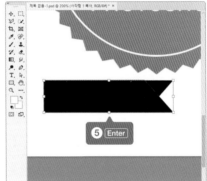

05 ❶ 〈이동 도구〉를 선택한 후 ❷ 세로로 뒤집은 사각형을 아래쪽으로 살짝 [클릭&드래그]해서 리본의 높이를 통통하게 변경합니다. 레이어 패널에서 ❸ 2개의 사각형 레이어를 선택하고 우클릭한 후 ❹ [모양 병합]을 선택해 하나의 레이어로 합쳐 주세요. ❺ 합쳐진 레이어를 더블 클릭해서 이름을 **리본**으로 변경합니다.

06 ① Ctrl+T를 눌러 자유 변형 모드로 전환한 후 옵션 패널에서 ② **각도: 120**으로 설정하여 회전하고, ③ Enter를 눌러 완료합니다.

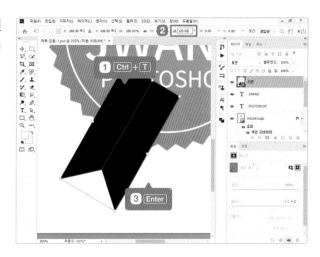

🖊 리본에 입체감 표현하기

리본의 한쪽이 완성되었습니다. 여기에 그레이디언트와 그림자를 추가해 입체감을 표현하겠습니다. 이어서 완성된 한쪽 리본을 복제해 양쪽 리본을 완성합니다.

01 [리본] 레이어를 선택한 후 ① [레이어 스타일] 아이콘 *fx*을 클릭하고 ② [그레이디언트 오버레이]를 선택합니다.

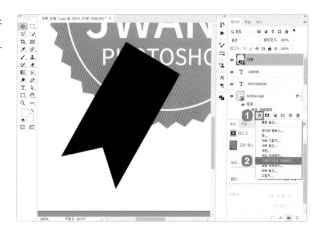

02 레이어 스타일 창이 뜨면 ① **혼합 모드: 표준, 불투명도: 100%, 스타일:선형, 각도: 63, 비율: 100%**로 설정한 후 ② **그레이디언트** 옵션을 클릭합니다.

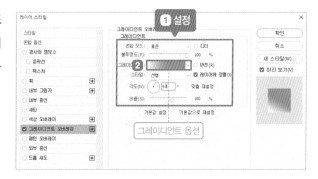

03 그레이디언트 편집기 창이 뜨면 **①** **사전 설정: 기본 사항−전경색에서 배경색으로**로 설정하고, 그레이디언트 바에서 **②** 왼쪽 정지점은 **색상: #fff2c6, 위치: 0%**, **③** 오른쪽 정지점은 **색상: #ff6963, 위치: 50%**로 설정한 후 **④** [확인]을 클릭합니다. 이어서 레이어 스타일 창에서도 [확인]을 클릭합니다. **⑤** 리본 레이어를 선택한 후 Ctrl + Shift + [를 눌러 맨 아래쪽에 배치합니다.

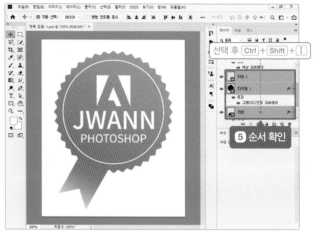

04 리본 위쪽으로 그림자를 추가하겠습니다. 레이어 패널에서 **①** Ctrl 을 누른 채 [리본] 레이어의 섬네일을 클릭합니다. 리본 모양대로 선택 영역이 지정되면 레이어 패널에서 **②** [새 레이어] 아이콘 ⊞을 클릭하여 [리본] 레이어 위로 새로운 레이어를 추가하고, **③** 레이어 이름을 **리본 그림자**로 변경합니다.

05 도구 패널에서 **①** **전경색: #8dc9e9**으로 설정하고 **②** 〈그레이디언트 도구〉 ▣를 선택합니다. 옵션 패널에서 **③** **그레이디언트 사전 설정** 옵션을 클릭하여 그레이디언트 편집 창이 뜨면 **④** **사전 설정: 전경색에서 투명으로**로 설정한 후 **⑤** [확인]을 클릭합니다.

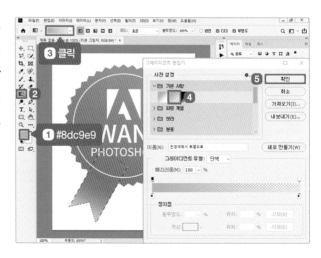

06 캔버스에서 리본 방향대로 **①** 오른쪽 위에서 왼쪽 아래로 클릭&드래그하여 그레이디언트를 적용합니다. 레이어 패널에서 **②** 혼합 모드: 어둡게 하기, 불투명도: 75%로 설정하여 자연스럽게 합성한 후 **③** Ctrl + D 를 눌러 선택 영역을 해제합니다.

07 **①** [리본]과 [리본 그림자] 레이어를 그룹으로 묶고(Ctrl + G), **②** 그룹 이름을 **리본**으로 변경합니다. 이어서 **③** [리본] 그룹을 선택하고 Ctrl + J 를 눌러 그룹을 복제합니다.

08 **①** Ctrl + T 를 누른 후 옵션 패널에서 **②** 회전: −60으로 설정합니다. **③** 오른쪽으로 클릭&드래그하여 리본의 위치를 조절하고 Enter 를 눌러 완료합니다.

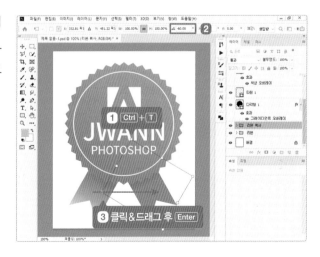

규격에 맞춰 크기 변경하고 출력하기

편리한 디자인 작업을 위해 규격보다 크게 제작했으므로, 이제 크기를 줄여야 합니다. 네이버 블로그의 위젯은 폭을 170픽셀로 맞춰야 합니다.

01 ❶ [배경] 레이어를 제외한 모든 레이어를 선택한 후 Ctrl + G 를 눌러 그룹으로 묶습니다. ❷ 〈이동 도구〉⊕를 선택한 후 옵션 패널에서 ❸ **자동 선택: 그룹**으로 설정한 후 캔버스에서 ❹ 클릭&드래그 하여 위젯을 캔버스 중앙에 배치합니다.

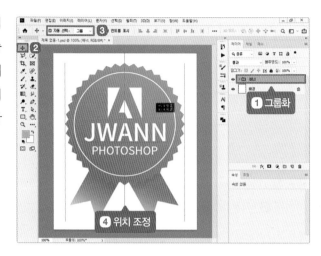

02 상단 메뉴에서 ❶ [이미지 – 이미지 크기]를 선택합니다(Alt + Ctrl + I). 이미지 크기 창이 뜨면 ❷ **폭: 170픽셀**로 설정합니다. 폭과 높이가 서로 연결되어 있으므로 **높이: 204픽셀**로 자동 변경됩니다. ❸ [확인]을 클릭하면 크기가 확연하게 작아진 걸 확인할 수 있습니다.

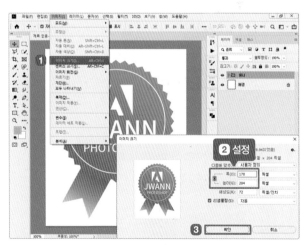
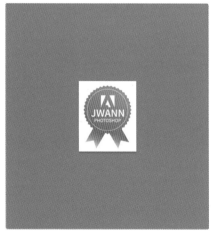

> **TIP** Ctrl + Shift + S 를 눌러 **파일 형식: JPEG**로 설정한 후 원하는 경로와 이름을 지정하고 [저장]을 클릭합니다. 이렇게 위젯으로 사용할 이미지를 저장한 후에는 추후 수정을 위해 포토샵 파일인 PSD 파일로도 따로 저장해서 보관하는 것이 좋습니다.

CHAPTER 04

마케팅의 기본,
웹 홍보용 콘텐츠

웹 홍보 관련 콘텐츠에서 중요한 요소는 내용 전달(가독성)과 디자인,

그리고 플랫폼에 따라 정해 놓은 규격입니다.

특히 규격은 작업 전에 미리 확인한 후 제작해야 나중에 수정하는 일이 생기지 않겠죠?

요즘은 컴퓨터 화면 그대로 모바일에서도 확인할 수 있으므로

작업을 완료한 후 메신저 등을 이용해 스마트폰으로 전송하고,

스마트폰에서 표현된 색감이나 디자인을 보면서 최종 검토를 하는 것도 요령입니다.

01 상세페이지 만들기

의류 브랜드를 홍보하는 상세페이지를 제작해 보겠습니다. 상세페이지는 제품의 종류에 따라 그 특징이 조금씩 다릅니다. 이번에 만들어 볼 의류 브랜드 상세페이지는 특성상 모델 컷이 많습니다. 그러므로 사진을 다양한 방식으로 배치하기 편리한 프레임 도구를 활용해 보겠습니다. 단, 프레임 도구는 포토샵 CC 2019 이상에서 사용할 수 있는 기능이므로 최신 버전의 포토샵을 사용해야 합니다.

- **주요 기능:** 레이어 잠금, 프레임 도구
- **무료 글꼴:** 배달의민족 도현체(BM DoHyeon), Noto Sans CJK KR(구글 노토산스)
- **크기:** 860×2200픽셀
- **예제 파일:** 1–A.jpg, 2–A.jpg, 2–B.jpg, 2–C.jpg, 2–D.jpg, 3–A.jpg, 3–B.jpg, 3–C.jpg,
- **완성 파일:** 상세페이지.psd

▶ **동영상 강의**

결과 미리 보기

≪ 완성한 디자인에 배경만 #a40000으로 변경하면 강렬한 느낌의 상세페이지로 응용할 수 있습니다.

상세페이지 영역 만들기

상세페이지를 제작할 작업 창은 상품을 등록할 플랫폼에 따라 규격이 조금씩 다릅니다. 대부분 이미지 높이는 제약이 없고, 폭만 정해져 있으니 작업 전 제작할 이미지 규격을 꼼꼼히 확인하고 작업에 들어갑니다. 이번 예제에서는 크게 세 영역으로 구분된 상세페이지를 만듭니다. 먼저 새로운 작업 창을 생성하고 세 영역을 구분해 보겠습니다.

01 ❶ Ctrl + N을 누르고 새로 만들기 문서 창에서 ❷ 폭: 860픽셀, 높이: 2200픽셀 크기의 캔버스를 설정하고 ❸ [제작]을 클릭해서 새로운 작업 창을 만듭니다.

02 도구 패널에서 ❶ 〈사각형 도구〉□를 선택한 후 옵션 패널에서 ❷ 모양, 칠: #d8aba6, 획: 없음, W: 860픽셀, H: 700픽셀로 설정합니다. ❸ 캔버스를 클릭하여 사각형 만들기 창이 뜨면 그대로 ❹ [확인]을 클릭합니다.

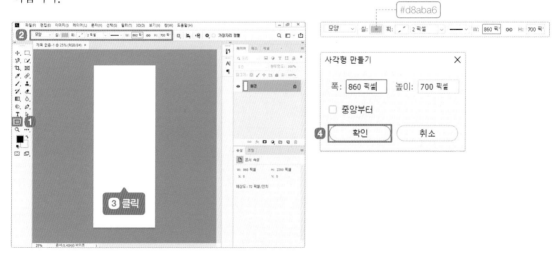

> **TIP** 옵션 패널에서 미리 설정하지 않고 사각형 만들기 창에서 폭(W)과 높이(H)를 설정해도 됩니다.

03 캔버스에 860×700 크기의 직사각형 모양이 나타나면 **①** 〈이동 도구〉 ✛ 를 선택한 후 **②** 클릭&드래그 해서 캔버스 상단에 배치합니다.

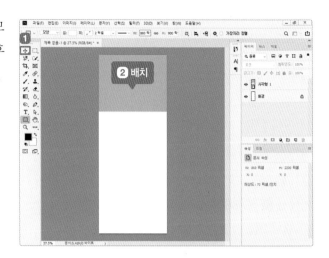

04 계속해서 〈사각형 도구〉 ▢ 를 이용하여 캔버스에서 **①** 클릭&드래그 하여 사각형을 그린 후 옵션 패널에서 **칠: #ffffff(흰색), W: 860픽셀, H: 900픽셀**로 설정합니다. 한 번 더 캔버스에서 **②** 클릭&드래그 하여 사각형을 추가하고 **칠: #d8aba6(붉은색), W: 860픽셀, H: 550픽셀**로 설정합니다. 두 개의 사각형을 다음과 같이 배치하여 세 영역으로 구분된 캔버스를 완성합니다.

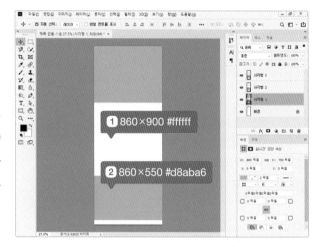

05 레이어 패널을 보면 사각형 모양 레이어 3개가 있습니다. **①** Ctrl 를 누른 채 각각 클릭하여 모두 선택한 후 자물쇠 모양의 **②** [모두 잠그기] 아이콘를 클릭합니다. 이렇게 레이어를 잠금 설정하면 캔버스에서 선택하거나 이동할 수 없습니다.

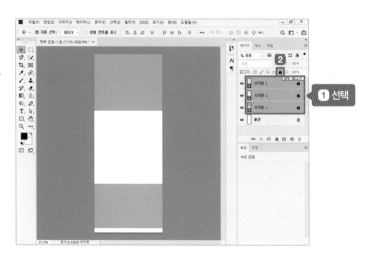

첫 번째 영역 꾸미기

프레임 도구는 포토샵 CC 2019에서 추가된 기능으로 클리핑 마스크 기능을 좀 더 간편하게 사용할 수 있는 기능입니다. 직사각형, 원형의 프레임을 만들고 사진을 클릭&드래그하면 프레임 영역에 사진이 표시되는 방식이며, 프레임이나 사진의 크기 및 위치 등을 간편하게 수정할 수 있습니다. 여러 장의 사진을 한 화면에 넣고 배치할 때 유용합니다.

01 도구 막대에서 ❶ 〈프레임 도구〉⊠를 선택하고 옵션 패널에서 ❷ [원형 프레임] 아이콘을 클릭합니다. 캔버스에서 ❸ 상단 첫 번째 영역 위를 클릭&드래그하여 프레임을 배치한 후 오른쪽 속성 패널에서 ❹ W: 530픽셀, H:530픽셀, X: 165픽셀, Y: 85픽셀로 변경합니다.

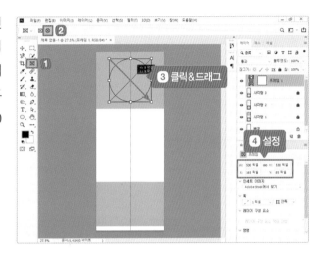

02 프레임이 선택된 상태에서 예제 파일 폴더를 열고 ❶ 1-A.jpg 사진 파일을 찾아 프레임 영역으로 클릭&드래그합니다. 원형 프레임 영역만큼 사진의 일부분이 표시됩니다. 레이어 패널에서 ❷ 사진 섬네일을 선택하고 Ctrl +T를 눌러 ❸ 사진 크기와 위치를 조절한 후 Enter를 눌러 완료합니다.

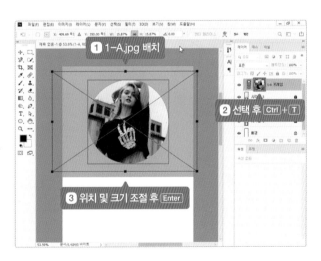

TIP 레이어 패널에서 프레임의 섬네일을 클릭한 후 Ctrl+T를 누르면 프레임의 크기나 위치를 변경할 수 있습니다.

03 〈사각형 도구〉□의 하위 도구인 ❶〈선 도구〉╱를 선택한 후 옵션 패널에서 ❷ **모양, 칠: 없음, 획: #ffffff**로 설정합니다. ❸ Shift 를 누른 채 프레임 위쪽에서 클릭&드래그 하여 직선을 그린 후 옵션 패널에서 ❹ **W: 700픽셀, H: 2픽셀**로 길이와 두께를 변경합니다.

> **TIP** 직선을 그릴 때는 시작 점에서 클릭&드래그하다가 종료 지점에서 손을 떼면 됩니다. 이때 Shift 를 누른 상태로 클릭&드래그하면 수직, 수평, 45도로 직선을 그릴 수 있습니다.

04 직선이 선택된 상태로 ❶ Ctrl + T 를 눌러 자유 변형 모드로 만듭니다. 옵션 패널에서 ❷ **각도: 40도**로 회전한 후 ❸ 사진 중앙에 배치하고 Enter 를 눌러 완료합니다. 레이어 패널에서 ❹ 직선 레이어를 프레임 레이어 아래쪽에 배치합니다.

05 도구 패널에서 ❶〈수평 문자 도구〉T 를 선택하고 옵션 패널에서 ❷ **글꼴: 배달의민족 도현(BM DoHyeon), 크기: 25pt, 색상: #ffffff**으로 설정합니다. 캔버스에서 ❸ 프레임 아래쪽을 클릭한 후 STYLE&FASHION을 입력하고 Ctrl + Enter 를 눌러 입력을 완료합니다. 텍스트 레이어가 선택된 상태로 속성 패널에서 ❹ **자간: 200**으로 설정합니다.

06 ❶ Ctrl + T 를 눌러 자유 변형 상태로 전환한 후 ❷ 캔버스에서 우클릭하고 ❸ [시계 방향으로 90 회전]을 선택합니다. 텍스트가 회전하면 프레임 오른쪽으로 ❹ 클릭&드래그 하여 옮기고 Enter 를 눌러 배치를 완료합니다.

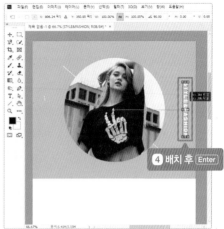

07 ❶ Ctrl + J 를 눌러 텍스트 레이어를 복제한 후 ❷ Ctrl + T 를 눌러 자유 변형 모드로 전환합니다. 옵션 패널에서 ❸ W: –90%, H: –90%로 설정합니다. 텍스트가 상하좌우 반전되면서 크기는 90%로 줄어듭니다. ❹ 클릭&드래그 하여 프레임 왼쪽으로 옮기고 Enter 를 눌러 배치를 완료합니다.

TIP W, H 옵션은 개체의 크기를 결정하는 옵션이지만–값을 입력하여 상하좌우를 반전할 수 있습니다(W: 좌우반전, H: 상하반전). 그러므로 두 옵션에 –90을 입력하면 상하좌우가 반전되면서 크기는 90%로 줄어듭니다.

두 번째 영역에는 브랜드 이름과 설명 문구를 추가한 후 프레임 도구를 이용해 다양한 크기의 사각형 프레임을 만들고, 모델 컷을 배치합니다. 이어서 세 번째 영역에는 시각적으로 꾸미는 용도의 텍스트를 입력한 후 사진을 배치합니다.

01 도구 패널에서 ❶ 〈수평 문자 도구〉 T를 선택하고 옵션 패널에서 ❷ 글꼴: Noto Sans CJK KR, Bold, 크기: 75pt, 색상: #532e2a 로 설정합니다. 첫 번째 영역과 두 번째 영역의 경계를 클릭한 후 ❸ 브랜드명에 해당하는 JWANNEU를 입력하고 Ctrl + Enter를 눌러 완료합니다. 속성 패널에서 ❹ 자간: 20pt로 조정합니다.

02 ❶ 브랜드명 아래쪽을 클릭하여 브랜드 설명을 입력한 후 옵션 패널에서 ❷ 크기: 18pt, 가운데 정렬로 변경합니다. 설명 내용에 따라 속성 패널에서 적당하게 행간을 조절하면 좋습니다 예제는 행간: 20pt로 변경했습니다.

03 도구 패널에서 ❶ 〈프레임 도구〉⊠를 선택하고 옵션 패널에서 [사각형 프레임] 아이콘을 클릭한 후 ❷ 캔버스에서 4번 클릭&드래그하여 4개의 프레임을 배치합니다. 각 프레임을 클릭해서 선택한 후 속성 패널에서 크기를 조절하고, 사진을 클릭&드래그하여 배치합니다. 사진만 배치하는 것보다는 적당한 텍스트와 함께 배치하면 더욱 보기에 좋습니다. 도구 패널에서 ❸ 〈수평 문자 도구〉 T를 선택하고 옵션 패널에서 글꼴: Noto Sans CJK KR, Mwsium, 크기: 25pt, 색상: #532e2a, 왼쪽 정렬로 설정한 후 ❹ 프레임 근처를 클릭하여 텍스트를 입력합니다.

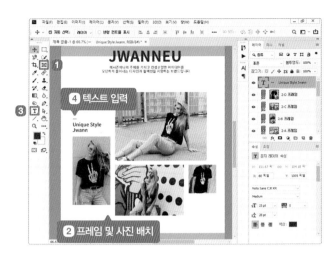

2-A.jpg	W: 480픽셀, H: 350픽셀
2-B.jpg	W: 200픽셀, H: 350픽셀
2-C.jpg	W: 360픽셀, H: 260픽셀
2-D.jpg	W: 147픽셀, H: 147픽셀

04 도구 패널에서 ❶ 〈수평 문자 도구〉T를 선택하고 ❷ 세 번째 영역을 클릭하여 임의의 영문을 입력하고 Ctrl+Enter를 눌러 완료합니다. 옵션 패널에서 ❸ 글꼴: Noto Sans CJK KR, Black, 크기: 45pt 색상: #ffffff, 왼쪽 정렬로 설정합니다.

TIP 실습에서는 한글 모음 —를 마지막 줄에 입력하여 텍스트 끝을 표현하는 의미로 사용했습니다.

05 도구 패널에서 〈프레임 도구〉⊠를 선택한 후 옵션 패널에서 [사각형 프레임] 아이콘을 클릭합니다. 캔버스에 클릭&드래그하여 사각형 프레임 3개를 만듭니다. 속성 패널에서 W: 200픽셀, H:280픽셀로 동일한 크기로 조정한 후 나란히 배치하고 사진을 클릭&드래그하여 배치합니다.

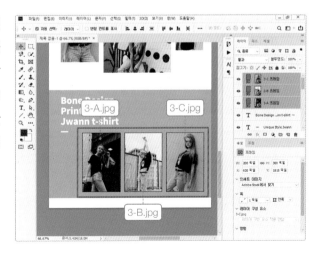

02 이벤트 홍보용 배너 디자인

N 포털 메인 화면에 주로 사용되는 720×120픽셀 기준으로 할인 안내 배너를 제작해 보겠습니다. 어디에나 배경으로 활용하기 좋은 빗살 무늬 패턴을 만들고, 문자에 3D 느낌으로 그림자를 만들어 보면서 포토샵 3D 기능까지 알아봅니다. 배경은 남색을 사용하고 텍스트는 흰색과 보색인 노란색을 활용하면서, 강조 문구에는 형광 느낌의 연두색을 사용했습니다.

- **주요 기능:** 패턴 만들기, 3D 문자, 연필 도구, 색상 오버레이, 3D 레이어
- **사용 글꼴:** 배달의민족 주아체, 티몬 몬소리체(Tmon몬소리)
- **크기:** 740 x 120픽셀
- **예제 파일:** 배너소스.psd
- **완성 파일:** 웹 배너.psd

결과 미리 보기

⌃ 색상에 따른 느낌 변화(SALE: #ff00ea 그림자: #3f0059, 배경: #b739ff, 빗살: # 9304e8)

배너 배경에 사용할 빗살 무늬 패턴을 만들어 보겠습니다. 8×8픽셀 캔버스에 〈연필 도구〉✒를 사용해 빗살 패턴 기본형을 만듭니다. 패턴을 만들 때는 정사각형 배경을 기본으로 하고, 상하좌우에 같은 패턴이 이어져야 자연스럽게 반복 배치됩니다.

01 ❶ Ctrl + N 을 눌러 새로 만들기 문서 창을 열고 ❷ 폭: 8픽셀, 높이: 8픽셀, 해상도: 72 픽셀/인치로 설정한 후 ❸ [제작]을 클릭합니다.

02 도구 패널에서 ❶ 전경색: #00000(검정)으로 설정합니다. 〈브러시 도구〉✒의 하위 도구인 ❷ 〈연필 도구〉✒를 선택하고 옵션 패널에서 ❸ 크기: 1픽셀로 설정합니다.

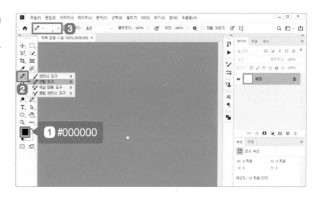

03 레이어 패널에서 [새 레이어] 아이콘🔲을 클릭하여 새로운 레이어를 추가합니다. Ctrl + 0 를 눌러 캔버스가 화면 가득 차게 확대한 후 한 칸(1픽셀)씩 클릭하면서 빗살 무늬 패턴의 기본형을 만듭니다.

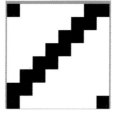

TIP CapsLock 을 누르면 커서 모양을 + 또는 □모양으로 변경할 수 있으니 편한 커서 모양을 사용하면 됩니다. 연필 도구뿐만 아니라 브러시와 같은 도구를 사용할 때도 동일하게 변경할 수 있습니다.

04 투명한 패턴으로 활용하기 위해 레이어 패널에서 ❶ [배경] 레이어의 눈 아이콘을 클릭해서 끄고 상단 메뉴에서 ❷ [편집−패턴 정의]를 선택합니다. 패턴 이름 창이 열리면 ❸ **빗살**로 입력한 후 ❹ [확인]을 클릭해서 저장합니다.

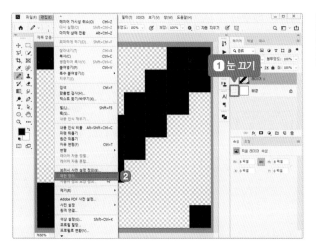

> **TIP** 패턴과 관련된 기본 기능은 072쪽을 참고하세요.

패턴 적용하여 기본 배경 만들기

본격적인 배너 디자인을 위해 새로운 작업 창을 만들고, 앞서 만든 패턴을 배경으로 적용합니다. 이어서 레이어 스타일 기능을 이용하여 검은색 패턴을 다른 색상으로 변경하겠습니다.

01 ❶ Ctrl + N을 눌러 새로 만들기 문서 창이 열리면 제작할 배너 크기에 맞춰 ❷ **폭: 740, 높이: 120픽셀, 해상도: 72픽셀/인치**로 설정하고 ❸ [제작]을 클릭합니다.

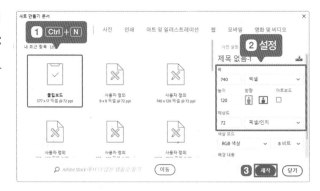

02 가로로 긴 작업 창이 열리면 도구 패널에서 **① 전경색: #20038c(남색)**로 설정하고, **②** [Alt]+[Delete]를 눌러 캔버스에 전경색(남색)을 채웁니다.

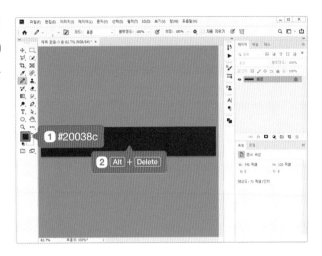

03 레이어 패널에서 **①** [새 레이어] 아이콘 을 클릭하여 레이어를 추하한 후 상단 메뉴에서 **②** [편집−칠]을 선택합니다. 칠 창이 열리면 **③ 내용: 패턴**으로 설정하고, 앞서 만든 패턴을 적용하기 위해 **④ 사용자 정의 패턴: 빗살**로 설정한 후 **⑤** [확인]을 클릭합니다.

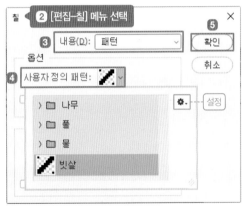

> **TIP** **사용자 정의 패턴** 옵션을 클릭하면 나타나는 팝업 목록에서 톱니바퀴 모양의 [설정] 아이콘을 클릭하면 보는 방식 및 패턴 불러오기, 패턴 종류 확인 등의 작업을 할 수 있습니다.

04 레이어 패널에서 빗살 무늬가 적용된 레이어를 선택한 후 **①** [레이어 스타일] 아이콘 fx. 을 클릭하고 **②** [색상 오버레이]를 선택합니다. 레이어 스타일 창이 열리면 **③** **혼합 모드: 표준, 불투명도: 100%, 색상: #2d2d9d**로 설정하고 **④** [확인]을 클릭합니다.

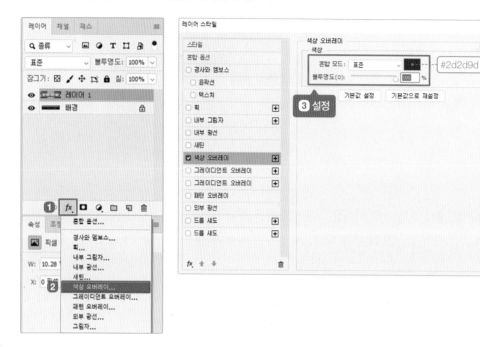

05 검은색 패턴이 지정한 색으로 변경되면서 빗살 무늬 패턴이 적용된 기본 배경이 완성됩니다.

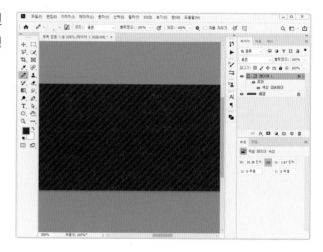

3D 문자 효과 만들기

포토샵에는 3D 기능이 포함되어 있으며, 텍스트에 적용하면 간단하게 입체 텍스트를 만들 수 있습니다. 다소 생소할 수 있지만 어렵지 않으니 주저 말고 실습해 보세요. 3D 기능으로 단색 그림자를 만들어 배너 문구를 강조하는 용도로 사용해 보겠습니다.

01 도구 패널에서 ❶ 〈수평 문자 도구〉T를 선택하고 옵션 패널에서 ❷ **글꼴: Tmon몬소리, 크기: 54pt, 색상: #ffffff(흰색)**으로 설정한 후 오른쪽 패널 막대에서 ❸ [문자] 패널을 클릭한 후 ❹ **포 이탤릭**으로 설정합니다. 캔버스를 클릭하고 ❺ **12월 멤버쉽데이!**를 입력합니다.

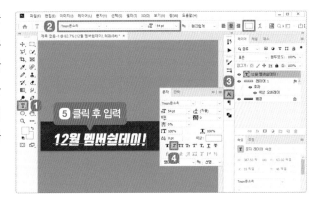

02 텍스트 입력이 완료되지 않은 상태에서 ❶ **멤버쉽데이!**만 [클릭&드래그]하여 선택하고 ❷ 옵션 패널에서 **색상: #feff80(노란색)**으로 변경합니다. 키패드의 [Enter]나 ❸ [Ctrl]+[Enter]를 눌러 텍스트 입력을 완료합니다.

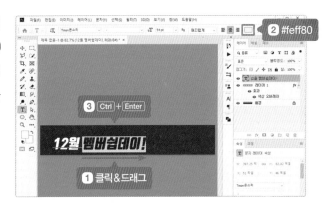

03 텍스트 레이어가 선택된 채 ❶ [Ctrl]+[J]를 눌러 복제합니다. 레이어 패널에서 ❷ 원본 텍스트 레이어를 선택하고, 옵션 패널에서 ❸ [3D] 아이콘을 클릭합니다. 3D 작업 영역으로 전환할지 묻는 안내 창이 열리면 ❹ [예]를 클릭합니다.

> **TIP** 3D 레이어로 만든 문자는 그림자로만 활용할 계획입니다. 그러므로 기본 텍스트 레이어 하나를 유지한 채 나머지 하나에 3D를 적용하여 그림자로 사용합니다.

04 3D 작업 화면으로 변경되면 캔버스를 클릭하지 말고 그대로 속성 패널을 확인합니다. 속성 패널에서 상단 탭 아이콘 중 두 번째에 있는 ❶ [변형] 아이콘을 클릭하고 ❷ 돌출 심도: 120 픽셀, 비틀기: 0, 뾰족한 끝: 100%, 기울임 체크, 수평 각도: 30, 수직 각도: −75로 설정합니다.

> **TIP** 도출 심도 단위가 cm 등으로 표시될 때는 환경 설정−단위와 눈금자에서 눈금자: 픽셀로 설정해야 합니다. 자세한 방법은 044쪽을 참고하세요.

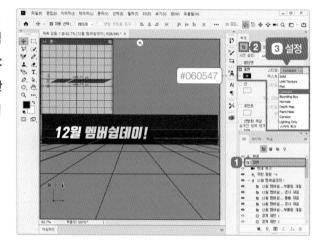

05 ❶ 3D 패널에서 [장면]을 클릭합니다. 다시 ❷ 속성 패널을 보면 [장면] 탭이 선택되어 있습니다. ❸ 표면 영역에서 **스타일: Contrant,**로 변경한 후 **색상: #060547(진한 남색)**로 설정합니다. 다소 복잡해 보이던 그림자가 단색 입체 그림자로 변경됩니다.

> **TIP** 3D 작업 후 작업 레이아웃 정리하기
>
> 3D 작업을 시작하면서 작업 공간 레이아웃이 3D 작업에 적합하도록 일괄 변경되었습니다. 이후 다른 레이어를 선택하면 3D 작업 화면은 사라지지만 변경된 패널과 레이아웃은 그대로 적용되어 있습니다. 이럴 때는 포토샵 오른쪽 위에 있는 [작업 공간] 아이콘을 클릭한 후 [필수]를 선택하거나 저장해 놓은 다른 작업 공간을 선택하면 됩니다. 작업 공간 관련해서는 048쪽을 참고하세요.

06 3D로 그림자를 완성했으나 이후 작업하기에 상당히 번거롭습니다. 그러므로 3D 레이어를 일반 레이어로 변경하겠습니다. 레이어 패널에서 ① 3D로 변경한 텍스트 레이어를 우클릭하고 ② [3D 래스터화]를 선택하면 됩니다.

> **TIP** 3D 레이어 상태에서는 언제든 속성을 변경하여 3D 형태를 변경할 수 있습니다. 하지만 래스터화를 이용해 일반 레이어로 변경하면 더 이상의 3D 속성 변경은 불가능합니다. 그러므로 더는 3D 옵션 변경이 없다고 생각될 때 래스터화를 진행하세요.

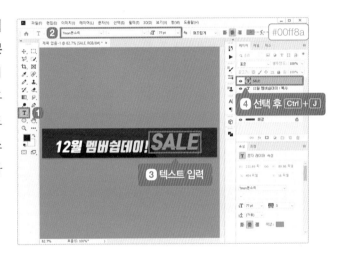

07 도구 패널에서 ① 〈수평 문자 도구〉T를 선택하고 옵션 패널에서 ② 글꼴: Tmon몬소리, 크기: 77pt, 색상: #00ff8a로 설정합니다. ③ 캔버스를 클릭하고 **SALE**을 입력한 후 Ctrl+Enter를 누릅니다. 이어서 'SALE'에도 3D 그림자를 추가하기 위해 ④ [SALE] 텍스트 레이어를 선택한 후 Ctrl+J를 눌러 복사합니다.

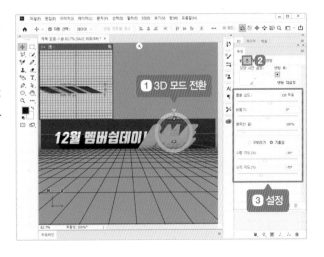

08 다시 ① [SALE] 원본 텍스트 레이어를 선택한 후 3D 작업 모드로 전환합니다. 속성 패널에서 두 번째 ② [변형] 아이콘을 클릭하고, ③ 돌출 심도: 120픽셀, 비틀기: 0, 뾰족한 끝: 100%, 기울임 체크, 수평 각도: −30, 수직 각도: −75로 설정합니다.

> **TIP** [SALE] 텍스트 레이어를 선택한 후 상단 옵션 패널에서 [3D] 아이콘을 클릭하면 3D 작업 모드로 전환할 수 있습니다.

09 ❶ 3D 패널에서 [장면]을 클릭하고, 다시 ❷ 속성 패널의 표면 영역에서 **스타일: Contrant, 색상: #060547**로 설정합니다.

10 레이어 패널에서 ❶ 3D로 작업한 텍스트 레이어를 마우스 우클릭한 후 ❷ [3D 래스터화]를 선택합니다. ❸ 〈이동 도구〉⊞를 선택한 후 ❹ 각 텍스트의 위치를 조절해 기본 배치를 완성합니다.

TIP 3D 텍스트 레이어를 우클릭한 후 [3D 레이어 렌더링]을 먼저 실행한 후 다시 [3D 래스터화]를 실행하면 좀 더 매끄러운 3D 텍스트를 만들 수 있습니다.

내용 추가 및 배경 꾸미기

배너 하단에 큼지막하게 제목을 입력했으니 추가 텍스트는 다른 글꼴을 이용해 위쪽에 작게 배치합니다. 텍스트가 많을수록, 중요도에 따라 크기의 강약을 조절해 주는 게 좋아요. 마지막으로 배경이 심심하지 않게 작은 도형을 추가해서 완성하겠습니다.

01 도구 패널에서 ❶ 〈수평 문자 도구〉 T를 선택하고 옵션 패널에서 ❷ 글꼴: 배달의민족 주아, 크기: 24pt, 색상: #ffffff으로 설정합니다. 캔버스에서 ❸ 제목 위를 클릭하고 **할인 쿠폰 선착순 발급!**을 입력한 후 Ctrl + Enter 를 누릅니다.

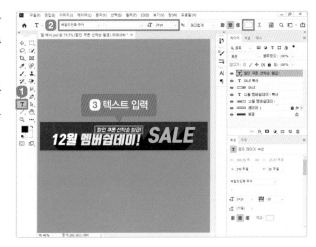

02 도구 패널에서 〈사각형 도구〉□의 하위 도구인 ❶ 〈타원 도구〉○를 선택하고 옵션 패널에서 ❷ 칠: 없음, 획: #ffffff(흰색), 2픽셀로 설정합니다. ❸ Shift 를 누른 상태로 캔버스에서 **클릭&드래그**하여 흰색 링을 여러 개 그립니다.

TIP Shift 는 정원이나 정사각형을 그릴 때도 사용하지만, 영역 추가의 용도로도 사용됩니다. 그러므로 Shift 를 누른 채 계속해서 클릭&드래그하면 하나의 레이어에 여러 개의 원이 그려집니다. 만약 서로 다른 레이어에 원을 그리고 싶으면 하나의 원을 그린 후 레이어 선택을 해제하고, 다시 그리는 과정을 반복해야 합니다.

03 예제 파일로 제공하는 **❶ 배너소스.psd**를 별도의 작업 창에서 엽니다(Ctrl+O). 레이어 패널에서 **❷** [십자가] 폴더를 배너 작업 중인 창의 캔버스로 클릭&드래그하여 복제합니다.

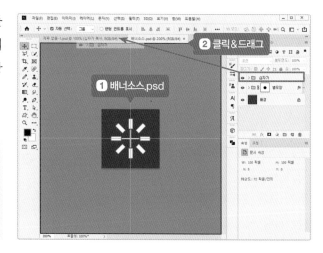

> **TIP** [십자가] 폴더를 작업 중인 작업 창 탭으로 클릭&드래그하여 캔버스가 열리면 캔버스 위로 클릭&드래그한 후 손을 떼면 됩니다. 해당 폴더를 선택한 후 Ctrl+C를 눌러 복사하고, 작업 창으로 이동한 후 Ctrl+V를 눌러 붙여넣는 방법도 있습니다.

04 배너 작업 창으로 복사해 온 **❶** 십자가 모양이 선택된 상태에서 Ctrl+T를 눌러 크기를 줄인 후 배치합니다. **❷** 〈이동 도구〉를 선택한 후 옵션 패널에서 **❸ 자동 선택: 그룹**으로 설정한 후 캔버스에서 **❹** Alt를 누른 채 클릭&드래그하여 십자가를 다른 곳에도 복제 배치합니다.

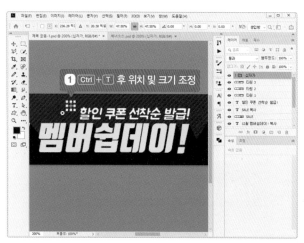

05 앞의 과정과 같은 방법으로 **배너소스.psd** 작업 창에서 [별모양] 폴더를 배너 작업 창으로 복사해 온 후 크기를 조절해 배치하면 배너가 완성됩니다.

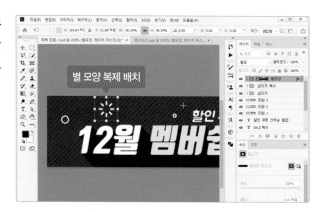

03 웹 홍보 포스터 만들기

가상의 뮤직 페스티벌 홍보 포스터를 제작해 보겠습니다. 페스티벌 특성상 생동감 넘치는 현장의 느낌을 살리기 위해 원색을 강조하면서 화려한 느낌으로 제작해 봤습니다. 메인 색상은 보라색을 이용하고, 전체적인 분위기는 메인 색인 보라색과 파란색을 함께 사용하였습니다.

- **주요 기능:** 동작 흐림 효과, 3D, 페어, 레이어 스타일, 클리핑 마스크
- **사용 글꼴:** 스웨거, 배달의민족 도현체
- **크기:** 1000×1300픽셀
- **예제 파일:** singer_1.jpg, singer_2.jpg, singer_3.jpg, singer_4.jpg,
  singer_5.jpg, 포스터bg1.jpg, 포스터bg2.jpg
- **완성 파일:** 웹 포스터.psd

동영상 강의

결과 미리 보기

포스터 배경 만들기

사진 하나만 잘 사용해도 배경은 쉽게 완성할 수 있습니다. 네온 사인 사진을 배치한 후 동작 흐림 효과를 사용해 빛이 한 방향으로 흐르는 느낌을 연출하여 배경을 완성해 보겠습니다.

01 ❶ Ctrl + N 을 누른 후 ❷ **폭: 1000픽셀, 높이: 1300픽셀**로 설정한 후 ❸ [제작]을 클릭합니다. 예제 폴더에서 ❹ **포스터bg1.jpg** 사진 파일을 클릭&드래그합니다. 조절점을 클릭&드래그하여 다음과 같이 사진을 배치하고 Enter 를 눌러 완료합니다.

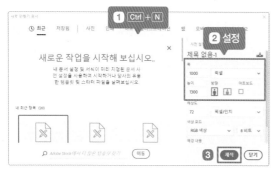

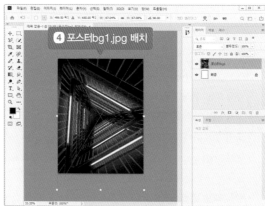

02 상단 메뉴에서 ❶ [필터−흐림 효과−동작 흐림 효과]를 선택합니다. 동작 흐림 효과 창이 나타나면 ❷ **각도: 30, 거리: 1300픽셀**로 설정하고 ❸ [확인]을 클릭합니다.

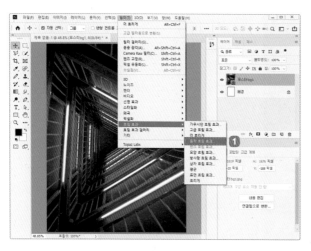

03 계속해서 예제 파일 중 **포스터bg2.jpg**
사진 파일을 추가로 [클릭&드래그]한 후 캔버스에
꽉차게 배치하고 [Enter]를 눌러 완료합니다.

04 다시 한 번 상단 메뉴에서 ❶ [필터 – 흐림 효과 – 동작 흐림 효과]를 선택한 후 동작 흐림 효과 창에서
❷ **각도: –30, 거리: 250픽셀**로 설정하고 ❸ [확인]을 클릭합니다.

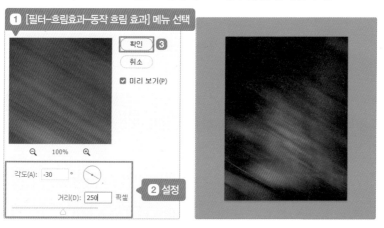

05 레이어 패널에서 **혼합 모드: 선형 닷지(추
가), 불투명도: 50%**로 설정하여 앞서 만든 사
진 소스와 자연스럽게 합성합니다.

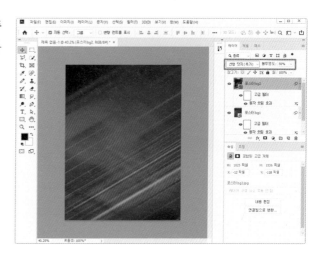

뮤직페스티벌 로고를 3D 느낌으로 제작합니다. 현재 배경이 화려하므로 로고를 흰색으로 입력한 후 배경에 표현된 사선 느낌과 비슷하게 대각선으로 두께감을 표현하겠습니다. 레이어 혼합 모드를 사용해 배경과 섞이면서 좀 더 화려하게 표현할 수 있습니다.

01 도구 패널에서 **①** 〈수평 문자 도구〉[T]를 선택하고 옵션 패널에서 **②** **글꼴: 배달의민족 도현, 크기: 150pt, 색상: #ffffff, 가운데 정렬**로 설정합니다. **③** 캔버스를 클릭한 후 로고로 사용할 문구인 Music Festival을 두 줄로 입력합니다.

02 텍스트 입력 상태에서 **①** Music만 [클릭&드래그]해서 선택하고 속성 패널에서 **②** **자간: −30**으로 설정합니다. 계속해서 **③** Festival을 [클릭&드래그]한 후 옵션 패널에서 **④** **문자 크기: 100pt**로 축소하고 **⑤** [Ctrl] +[Enter]를 눌러 입력을 마칩니다.

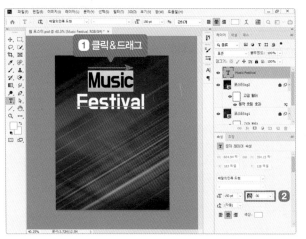

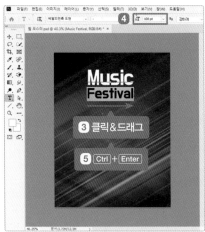

03 레이어 패널에서 **①** Ctrl + J 를 눌러 텍스트 레이어를 복사하고 아래쪽에 위치한 **②** 원본 텍스트 레이어를 선택 후 문자 도구의 옵션 패널에서 **③** [3D] 아이콘을 클릭합니다. 3D 작업 영역으로 전환 창이 뜨면 **④** [예]를 클릭합니다.

04 속성 패널에서 두 번째 탭인 **①** [변형] 아이콘을 클릭하고 **②** 돌출 심도: 800픽셀, 비틀기: 0, 뾰족한 끝: 100%, 기울임, 수평 각도: 50, 수직 각도: -50로 설정합니다.

TIP 작업 중 자칫 캔버스를 클릭하면 텍스트 각도가 틀어지므로 주의해야 합니다.

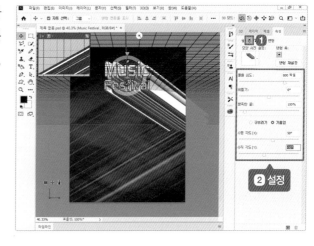

05 3D 패널에서 **①** [장면]을 선택하고, 다시 속성 패널의 **②** 표면 영역에서 **스타일: Nomals**로 설정합니다.

TIP 만약 실행 결과가 오른쪽 화면과 다르다면 속성 패널에서 스크롤을 내려 **뒷면**에 체크해 주세요.

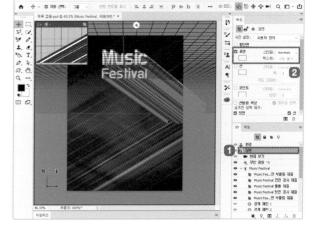

06 레이어 패널에서 ① 3D로 변경한 텍스트 레이어를 마우스 우클릭한 후 ② [3D 레이어 렌더링]을 선택합니다. 다시 한 번 ③ 3D 렌더링한 텍스트 레이어를 마우스 우클릭한 후 ④ [3D 래스터화]를 선택합니다.

> **TIP** [3D 레이어 렌더링]을 선택하면 보다 매끄러운 표면을 연출할 수 있으며, [3D 래스터화]를 선택하면 일반 레이어로 변경되어 더 이상 3D 옵션을 수정할 수 없는 이미지로 고정됩니다. 3D 래스터화 없이 작업을 진행하면 해당 레이어를 선택할 때마다 3D 편집 화면으로 전환되어 작업이 지연될 수 있습니다. 그러므로 더 이상 수정이 없다면 3D 래스터화를 하는 것이 좋습니다.

07 도구 패널에서 ① 〈사각형 선택 윤곽 도구〉를 선택하고 옵션 패널에서 ② 페더: 100픽셀로 설정합니다. ③ 로고의 정면 부분을 클릭&드래그 해서 선택 영역으로 지정하고, 레이어 패널에서 ④ [레이어 마스크] 아이콘을 클릭합니다. 선택 영역 경계에 페더 값이 적용되어 자연스럽게 흐려지는 3D 그림자가 완성됩니다.

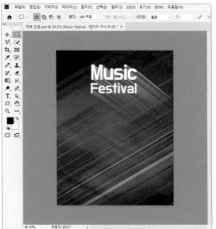

08 레이어 패널에서 **혼합 모드: 색상 닷지**로 설정하면 배경과 섞이면서 원색이 강조됩니다.

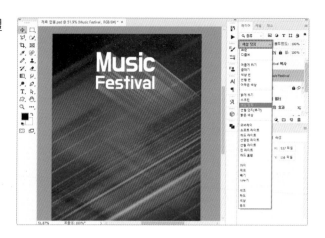

09 도구 패널에서 ❶ 〈수평 문자 도구〉 T 를 선택하고 ❷ 옵션 패널에서 적당하게 글꼴, 크기 등을 설정하여 ❸ 포스터 관련 정보를 입력한 후 Ctrl + Enter 를 누릅니다. 패널 영역에 있는 패널 도구 막대에서 ❹ [문자] 아이콘을 클릭하여 문자 패널을 열고, ❺ 포 이탤릭, 행간: 50pt로 설정하여 기울임 처리하고, 두 줄 사이 간격을 50pt로 조절합니다.

10 그림자를 추가하여 강조하기 위해 레이어 패널에서 ❶ [레이어 스타일] 아이콘 *fx* 을 클릭한 후 ❷ [그림자]를 선택합니다. 레이어 스타일 창이 열리면 ❸ **혼합 모드: 곱하기, 색상: #482599, 불투명도: 80%, 거리: 0px, 스프레드: 0%, 크기: 10px**로 설정한 후 ❹ [확인]을 클릭합니다.

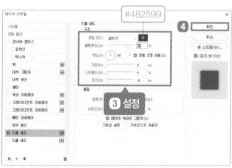

네온 사인 테두리 만들기

텍스트에 레이어 스타일을 적용해서 테두리에 네온 사인 느낌을 표현해 보겠습니다. 레이어 스타일을 적용한 후 칠 옵션을 0%로 설정하면 텍스트 색이 사라지고 테두리만 남아 투명한 문자를 표현할 수 있습니다.

01 도구 패널에서 ❶ 〈수평 문자 도구〉 T 를 선택하고 ❷ 캔버스를 클릭한 후 **2020 MF 3차 라인업 공개**를 입력하고 Ctrl + Enter 를 누릅니다. 옵션 패널에서 ❸ **글꼴: 배달의민족 도현, 크기: 55pt, 색상: #ffffff**로 설정합니다. ❹ 문자 패널 AI 을 열고 ❺ **포 이탤릭**으로 설정합니다.

02 레이어 패널에서 ❶ [레이어 스타일] 아이콘 fx 을 클릭한 후 ❷ [획]을 선택합니다. 레이어 스타일 창에서 ❸ **크기: 3px, 위치: 바깥쪽, 혼합 모드: 표준, 불투명도: 100%, 색상: #ffffff**로 설정하여 테두리를 설정합니다.

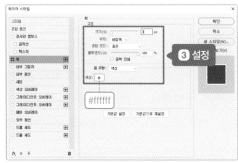

03 레이어 스타일 왼쪽에서 ❶ [내부 그림자]를 선택한 후 ❷ 혼합 모드: 곱하기, 색상: #0f50bb, 불투명도: 35%, 각도: 90, 거리: 3px, 경계 감소: 0%, 크기: 200px로 설정하여 안쪽으로 그림자 효과를 적용합니다.

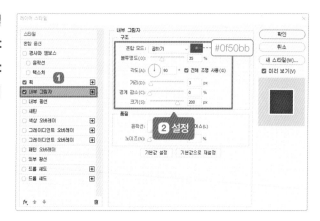

04 계속해서 왼쪽에서 ❶ [외부 광선]을 선택한 후 ❷ 혼합 모드: 스크린, 불투명도: 70%, 노이즈: 0%, 색상: #27e3f9, 스프레드: 0%, 크기: 10px, 범위: 50%, 파형: 0%로 설정하여 외부 광선 효과를 적용한 후 ❸ [확인]을 클릭하여 창을 닫습니다.

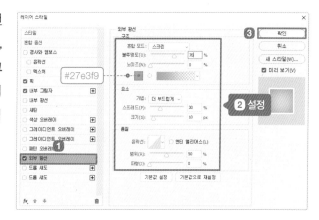

05 레이어 패널에서 **칠: 0%**로 설정하면 현재 레이어의 채우기 색이 사라지고, 효과로 적용한 테두리 및 내부 그림자, 광선 효과만 남아 투명한 네온 사인 텍스트가 완성됩니다.

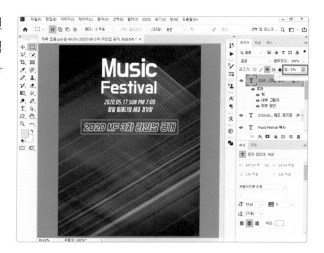

출연진 사진 영역 만들기

홍보 포스터에서 출연진 정보는 가장 중요한 관심 요소이므로 가장 주목성 있게 배치해야 합니다. 첫째 줄에 두 장, 둘째 줄에 세 장의 사진을 배치하여 출연 가수 라인업을 완성해 보겠습니다. 프레임 도구를 사용해도 되지만 여기서는 클리핑 마스크 기능을 활용합니다.

01 도구 패널에서 ❶ 〈사각형 도구〉□를 선택하고 옵션 패널에서 ❷ **모양, 칠: #ffffff, 획: 없음, W: 460픽셀, H: 300픽셀**로 설정합니다. ❸ 캔버스를 클릭하여 사각형 만들기 창이 열리면 그대로 ❹ [확인]을 클릭합니다.

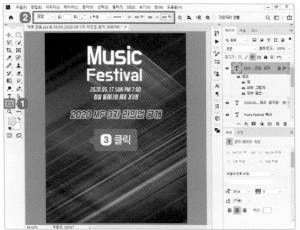

02 클릭한 위치에 사각형이 그려집니다. 도구 패널에서 〈패스 선택 도구〉▶의 하위 도구인 ❶ 〈직접 선택 도구〉▷를 선택한 후 캔버스에서 사각형의 오른쪽 아래에 있는 꼭짓점만 포함되도록 ❷ 범위를 클릭&드래그하여 선택합니다. ❸ Shift를 누른 상태로 ←를 5번 눌러서 **50픽셀** 왼쪽으로 옮기고 Enter를 누릅니다. 처음 ←를 누를 때 변환 확인 메시지가 열리면 [예]를 클릭하면 됩니다.

TIP 오른쪽 아래에 있는 꼭짓점을 직접 클릭해서 선택할 수도 있습니다. 정확하게 클릭하기 어려울 때 실습처럼 범위를 클릭&드래그해서 선택하면 편리합니다.

03 레이어 패널에서 ❶ 사각형 모양 레이어를 선택하고 Ctrl+J를 눌러 복제한 후 ❷ Ctrl+T를 눌러 자유 변형 모드로 전환합니다. 조절점이 표시되면 ❸ 사각형에서 마우스 우클릭한 후 ❹ [가로로 뒤집기]를 선택합니다.

04 다시 한 번 ❶ 마우스 우클릭한 후 ❷ [세로로 뒤집기]를 선택합니다. 복제한 사각형이 가로/세로로 뒤집어졌습니다. ❸ 오른쪽으로 클릭&드래그하여 나란하게 배치한 후 Enter를 눌러 자유 변형 모드를 마칩니다.

TIP 자유 변형 모드일 때 도형 안쪽을 클릭&드래그하면 위치를 옮길 수 있습니다.

05 둘째 줄 배치를 위해 도구 패널에서 ❶ 〈사각형 도구〉□를 선택하고, ❷ 캔버스에서 클릭&드래그 하여 사각형을 그립니다. 옵션 패널에서 ❸ 모양, 칠: #ffffff, 획: 없음, W: 320픽셀, H: 300픽셀로 설정하여 흰색 사각형을 만듭니다.

06 윗줄보다 작은 사각형이 그려집니다. 이제 지난 과정을 떠올려 다음과 같이 3개의 사다리꼴 모양을 만들어 나란히 배치해 보세요.

TIP 첫 번째와 세 번째 사각형은 윗줄과 같은 방법으로 복제한 후 뒤집어서 배치하고, 두 번째 사각형은 첫 번째 사각형을 복제한 후 〈직접 선택 도구〉로 왼쪽 위에 있는 꼭짓점만 선택하여 오른쪽으로 50픽셀 옮기면 됩니다.

07 기본 배치가 끝났으면 윗줄 ❶ 첫 번째 사각형을 선택합니다(예제에서는 [사각형 1] 레이어). 예제 파일이 저장된 폴더를 열고 ❷ singer_1.jpg 파일을 찾아 윗줄 첫 번째 사각형 위에 겹쳐서 배치합니다. 레이어 패널을 보면 ❸ 사진 레이어가 선택 중이던 사각형 레이어 위에 배치되어 있습니다.

08 레이어 패널에서 ❶ 사진(siner_1) 레이어를 선택하고 마우스 우클릭한 후 ❷ [클리핑 마스크 만들기]를 선택합니다. 배치한 사진이 아래에 있는 사각형 영역에만 표시됩니다. Ctrl+T를 눌러 사각형 영역에 표시되는 크기나 위치를 조정할 수 있습니다.

09 이번에는 두 번째 사각형 레이어를 선택하고 singer_2.jpg 파일을 클릭&드래그해서 배치합니다. 마찬가지로 레이어 패널에서 사진 레이어를 마우스 우클릭한 후 [클리핑 마스크 만들기]를 선택하여 다음과 같이 배치합니다.

> **TIP** Alt를 누른 채 클리핑 마스크를 적용할 두 레이어 사이에 마우스 커서를 옮기면 커서 모양이 바뀝니다. 이 상태에서 클릭해도 클리핑 마스크를 적용할 수 있습니다.

10 같은 방법으로 나머지 사각형 영역에 singer_3, singer_4, singer_5 파일을 배치하고 클리핑 마스크를 적용합니다. 이후 수정 및 관리가 편하도록 레이어 패널에서 사각형 레이어는 빨강으로, 사진 레이어는 노랑으로 구분해 두었습니다.

> **TIP** 레이어에서 우클릭하면 레이어 색상을 선택할 수 있습니다.

11 가수 라인업 레이어에 일괄 스타일을 적
용하기 위해 그룹으로 묶겠습니다. **①** 사각형
과 사진 레이어를 모두(10개) 선택하고 Ctrl
+G를 눌러 그룹으로 묶습니다. **②** 그룹 이름
은 **라인업**으로 변경했습니다.

TIP 그룹 이름 부분을 더블 클릭하면 이름을 변경
할 수 있습니다.

12 레이어 패널에서 **①** [라인업] 그룹을 선택하고 **②** [레이어 스타일] 아이콘 fx 을 클릭한 후 **③** [외부 광
선]을 선택합니다. 레이어 스타일 창에서 **④** **혼합 모드: 스크린, 불투명도: 80%, 노이즈: 0%, 색상: #00e4ff,**
기법: 더 부드럽게, 스프레드: 5%, 크기: 15px로 설정한 후 **⑤** [확인]을 클릭합니다.

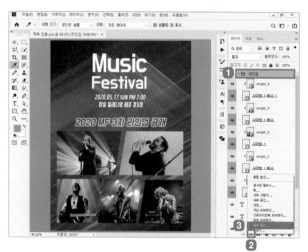

13 캔버스를 보면 각 사각형 영역 주변으로
네온 사인 느낌의 테두리가 표현된 것을 확인
할 수 있습니다.

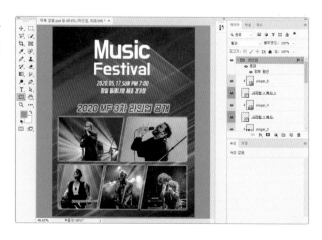

가수 이름 표시하기

드디어 마지막 과정입니다. 출연진 사진을 배치했으나, 누군지 모르는 사람을 고려하여 각 사진에 가수 이름을 표시하겠습니다.

01 도구 패널에서 ❶ 〈사각형 도구〉□를 선택하고, 옵션 패널에서 ❷ 모양, 칠: #7a00e1, 획: 없음, W: 190픽셀, H: 40픽셀로 설정합니다. ❸ 캔버스를 클릭하여 사각형 만들기 창이 열리면 폭과 높이를 확인하고 ❹ [확인]을 클릭합니다.

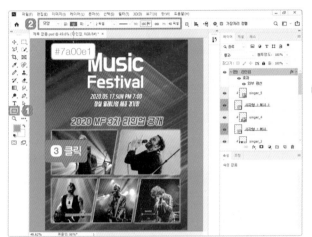

02 사각형이 그려지면 ❶ 레이어 패널에서 사각형 레이어를 [라인업] 그룹 위에 배치합니다. ❷ 〈직접 선택 도구〉▷를 이용해 ❸ 오른쪽 아래에 있는 꼭짓점을 클릭해서 선택하고 ❹ Shift를 누른 채 ←을 2번 눌러 20 픽셀 왼쪽으로 옮깁니다. 사다리꼴이 되면 Enter를 눌러 완료합니다.

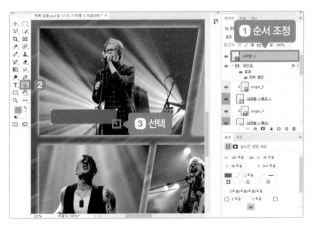

TIP 모양 변경 중 보통 패스로 변환 확인 창이 나타나면 [예]를 클릭하면 됩니다.

03 보라색 사각형이 선택된 상태에서 **①** Ctrl+J를 눌러 복제합니다. 레이어 패널에서 아래쪽에 있는 **②** 원본 사각형 레이어를 선택하고 Ctrl+T를 누릅니다. 캔버스에서 자유 변형 모드의 사각형을 **③** 마우스 우클릭한 후 **④** [가로로 뒤집기]를 선택합니다. 다시 한 번 **⑤** 우클릭하고 **⑥** [세로로 뒤집기]를 선택합니다.

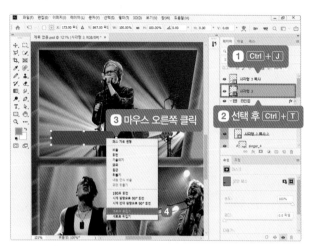
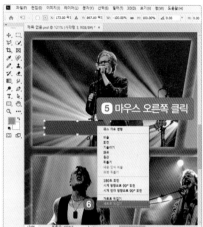

04 변형한 사각형을 **①** 클릭&드래그 하여 오른쪽 아래로 살짝 겹치게 배치합니다. 도구 패널에서 **②** 〈사각형 도구〉□를 선택한 후 옵션 패널에서 **③** 칠: #ff3ace로 설정하여 색상을 변경합니다.

05 도구 패널에서 〈수평 문자 도구〉T를 선택하고 다음과 같이 가수의 영문과 한글 이름을 각각 입력합니다. 예제에서는 **글꼴: 스웨거, 크기: 35pt(영문), 30pt(한글), 색상: #ffffff**로 설정한 후 입력했습니다.

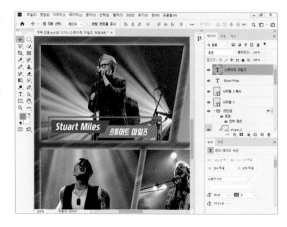

06 2개의 사각형 레이어와 2개의 텍스트 레이어를 선택한 후 그룹으로 묶고(Ctrl+G) 복제(Ctrl+J)하여 배치합니다. 출연진 이름을 수정하여 첫 번째 줄을 완성합니다.

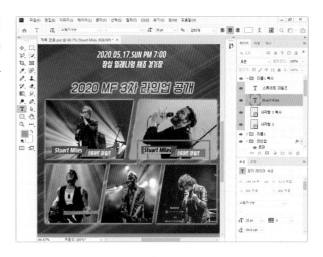

07 둘째 줄의 이름 표시는 첫 줄의 이름 표시를 복제한 후 Ctrl+T를 누르고 옵션 패널에서 **W: 75%, H: 75%**로 축소하여 배치했습니다.

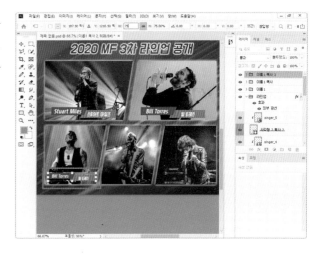

알아 두면
유용한
포토샵 활용 Tip

01 로고나 무료 소스 활용을 위한 ai, eps 파일 불러오기

포토샵으로 작업을 하다 보면 종종 회사 로고를 넣어야 하는 상황이 생깁니다. 로고를 PNG 파일로 받을 수도 있지만, 대부분의 원본은 AI 일러스트레이터 파일입니다. 일러스트레이터 프로그램을 능숙하게 다루지 않더라도 AI 파일에서 원하는 부분만 선택하고 포토샵으로 가져와 쓸 수 있다면 작업 효율이 더 올라갈 거예요.

포토샵에서 바로 열기

포토샵과 일러스트레이터 모두 Adobe 제품이라 어느 정도 호환이 됩니다. 그러므로 포토샵에서 바로 AI 파일을 불러올 수 있습니다. 포토샵을 실행한 후 상단 메뉴에서 [파일 – 열기]를 선택한 후((Ctrl)+(O)) AI 파일을 열어 보세요. PDF 가져오기 창이 뜨고 [확인]을 클릭하면 일러스트레이터에서 작업한 모든 이미지가 하나로 불러와집니다(예제파일: 소굴 로고.ai).

☆ 포토샵에서 AI 파일 불러오기

일러스트레이터에서 복사하여 붙여넣기

로고 파일을 하나로 불러온다면 포토샵만 이용해도 충분합니다. 하지만 로고 파일 중 일부만 수정하여 가져오고 싶다면 일러스트레이터를 실행하는 것이 좋습니다. AI 파일을 일러스트레이터에서 불러오면 포토샵과 같이 레이어 패널이 보이지만 포토샵과 좀 다릅니다. 포토샵에서는 레이어 이름을 클릭하면 선택되지만 일러스트레이터는 각 레이어 오른쪽 동그라미를 클릭해야 선택됩니다. 그리고 그룹을 선택하면 그룹 안에 있는 모든 레이어가 선택됩니다.

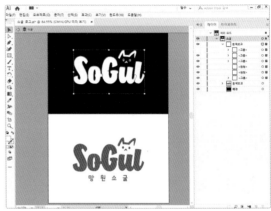

∧ 일러스트레이터의 레이어 선택

이제 일러스트레이터의 레이어 패널에서 사용할 레이어/그룹을 선택한 후 Ctrl+C를 눌러 복사합니다. 이어서 포토샵으로 돌아와 Ctrl+V를 눌러 붙여넣기를 실행하면 붙여넣기 창이 뜨고 다양한 형식으로 선택한 레이어만 불러올 수 있습니다.

02 무료 프리셋으로 디자인 품질 높이기

 ## 스타일 패널 사용하기

포토샵을 실행한 후 상단 메뉴에서 [창−스타일]을 선택하면 카테고리별로 구분된 스타일 패널이 열리며, 레이어를 선택하고 스타일 패널에 있는 다양한 목록 중 하나를 선택하면 해당 스타일이 그대로 적용됩니다. 이처럼 스타일 패널은 미리 설정해 놓은 프리셋을 곧바로 적용할 수 있는 공간입니다.

⌃ 스타일 적용 전

⌃ 스타일 적용 후

포토샵에서 기본으로 제공하고 있는 스타일은 보기 좋은 디자인이 많지 않으므로 구글에서 'photoshop style free'로 검색한 후 무료로 제공하는 스타일을 다운받아 사용할 수 있습니다. 일반적으로 이메일 인증이 필요한 경우가 많으며, 인증한 이메일로 스팸 메일이 올 가능성이 있으므로, 사용하지 않는 이메일 주소로 인증하는 것이 좋습니다.

이렇게 다운로드한 스타일은 ASL 파일입니다. 다운로드한 무료 ASL 파일을 포토샵 설치 경로에서 [Style] 폴더에 넣고 포토샵을 다시 시작한 후 스타일 패널 오른쪽 상단 [메뉴] 아이콘███을 클릭하면 추가한 스타일 이름을 찾을 수 있습니다. 자세한 추가 방법은 동영상 강의를 참고하세요.

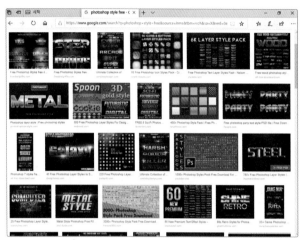

▶ 동영상 강의

ᐱ 구글 검색으로 찾을 수 있는 다양한 스타일

🖊 특별한 브러시 적용하기

직접 그려서 표현하기 힘든 이미지 등은 포토샵 브러시를 다운로드하여 사용하면 편리합니다. 포토샵 메뉴에서 [창-브러시]를 선택해서 브러시 패널을 확인해 보면 원형 브러시가 기본이고요, 그 외에 드라이 재질, 수채화 재질, 특수 효과 브러시 등을 사용할 수 있습니다. 좀 더 다양한 브러시를 사용하기 위해 브러시 패널 오른쪽 위에 있는 [메뉴] 아이콘███을 클릭하고 [추가 브러시 다운로드]를 선택합니다. Adobe 포토샵을 구독해서 사용하고 있다면 로그인 후 다양한 브러시를 무료로 다운로드할 수 있습니다.

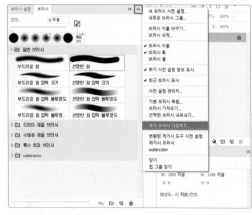

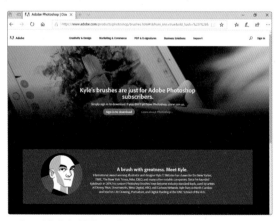

ᐱ 브러시 패널의 메뉴   ᐱ 유료 사용자만 이용할 수 있는 Kyle 브러시

포토샵 브러시 프리셋은 ABR 파일이며, 브러시를 다운로드한 후에는 스타일과 마찬가지로 포토샵 설치 경로의 [Brushes] 폴더에 넣어 줍니다. 브러시 파일을 넣은 후에는 브러시 패널에서 [메뉴] 아이콘을 클릭한 후 [브러시 가져오기]를 선택해서 사용할 수 있습니다.

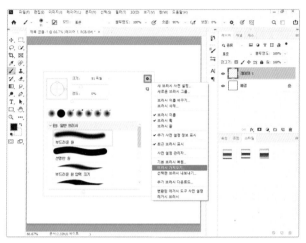

⌃ 마우스 우클릭으로 표시한 브러시 패널

포토샵 유료 사용자가 아니라면 구글에서 'photoshop brush free' 등으로 검색하여 다양한 무료 브러시를 다운받아 사용할 수 있습니다.

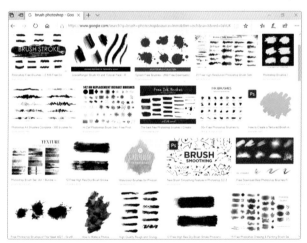

⌃ 구글 검색으로 찾을 수 있는 다양한 브러시

03 빠른 실행을 위한 포토샵 단축키

포토샵의 모든 단축키를 외울 필요는 없지만 기본적으로 Ctrl로 정해진 단축키는 가장 기본적인 단축키이고 자주 사용하므로 익혀 놓으면 분명 작업 속도가 빨라질거예요. 아래에서 소개하는 단축키 이외에 http://bit.ly/key-short에 접속하면 다양한 단축키를 확인할 수 있습니다.

파일

Ctrl + N	열기
Ctrl + S	저장하기
Shift + Ctrl + S	다른 이름으로 저장하기

색 보정

Ctrl + M	곡선
Ctrl + L	레벨
Ctrl + B	색상 균형
Ctrl + U	색조/채도

화면

Ctrl + +	작업 화면 크게 보기
Ctrl + −	작업 화면 작게 보기
Ctrl + 0	작업 화면 꽉 차게 보기
Ctrl + H	표시자 보기/끄기
Ctrl + R	눈금자 보기/끄기

선택

Ctrl + A	전체 선택
Ctrl + D	선택 해제
Shift + Ctrl + I	선택 영역 반전

레이어

Ctrl + J	레이어 복사
Ctrl + E	레이어 병합
Ctrl + G	그룹 만들기
Shift + Ctrl + G	그룹 풀기
Ctrl + [,]	선택한 레이어 위/아래 이동
Shift + Ctrl + [,]	선택한 레이어를 최상단, 최하단으로 이동하기

변형

Ctrl + T	자유 변형
Ctrl + Z	실행 취소

도구 선택

V	이동 도구, 대지 도구	M	사각형 선택 윤곽 도구, 원형 선택 윤곽 도구
L	올가미 도구	W	빠른 선택 도구, 자동 선택 도구
G	자르기 도구, 분할 영역 도구, 분할 영역 선택 도구	K	프레임 도구
I	스포이드 도구, 눈금자 도구, 메모 도구, 카운트 도구	J	복구 브러시 도구, 패치 도구, 내용 인식 이동 도구, 적목 현상 도구
B	브러시 도구, 연필 도구	S	도장 도구
Y	작업 내역 브러시 도구	E	지우개 도구
G	그레이디언트 도구, 페인트 통 도구	O	닷지 도구, 번 도구, 스폰지 도구
P	펜 도구	T	문자 도구
A	패스 선택 도구, 직접 선택 도구	U	사각형 도구, 타원 도구, 선 도구, 사용자 정의 모양 도구
H	손 도구	R	회전 보기 도구
Z	돋보기 도구	D	기본 전경과 배경색
X	전경색과 배경색 전환		

APPENDIX

04 포토샵 2020(21.0.1버전)
신기능 소개

포토샵 2020으로 업데이트되면서 다양한 기능이 추가되었습니다. 클라우드를 활용하여 여러 운영체제에서
작업할 수 있도록 호환성이 향상되었고, 자동으로 피사체를 추적해 선택할 수 있습니다. 이외에도 속성 패
널이 대폭 강화되었으며, 다양한 프리셋 패널이 추가되어 디자인 작업이 편리해졌습니다.

≪ 포토샵 2020 v21.1 시작 화면

≪ 포토샵 2020 v21.2 시작 화면

 포토샵 2020 기능 정리

클라우드 문서 추가

어도비 클라우드 문서에 포토샵 작업 결과를 저장하고 작업할 수 있습니다. 클라우드에 저장된 파일은 Mac, Windows, 아이패드 등에 동기화되고 다양한 환경에서 활용할 수 있습니다.

- **클라우드 문서에 저장**: 처음 포토샵을 실행한 후 왼쪽에서 [클라우드 문서]를 선택하고 [새로 만들기]를 클릭하거나 이후 작업 결과를 저장할 때 다른 이름으로 저장 창에서 [클라우드 문서에 저장] 혹은 [내 컴퓨터에서] 버튼을 클릭하여 저장 위치를 변경할 수 있습니다.

- **클라우드 문서 확인**: Creative Cloud Desktop을 실행한 후 오른쪽 위에 있는 구름 모양의 [클라우드] 아이콘을 클릭하고 [Creative Cloud 웹]을 선택하면 웹에서 클라우드 문서에 저장된 파일을 확인할 수 있습니다. 클라우드에 저장할 수 있는 용량은 요금제에 따라 20G, 100G, 1T로 상이합니다.

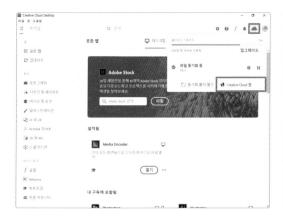 

사전 설정 개선

상단 메뉴에서 [창]을 선택한 후 [그레이디언트], [모양], [패턴]을 각각 선택하면 다음과 같이 새로운 패널을
확인할 수 있습니다. 특히 그레이디언트 패널은 색상별 다양한 그레이디언트 샘플이 추가되어 배색 고민을
줄여 줍니다.

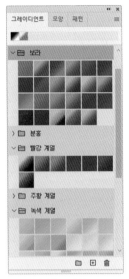
⌃ 그레이디언트 패널

⌃ 모양 패널

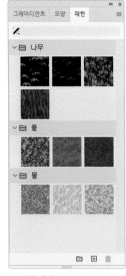
⌃ 패턴 패널

개체 선택 도구

도구 패널에 〈개체 선택 도구〉가 추가되었습니다. 옵션 패널의 **모드** 옵션에서 [사각형] 또는 [올가미] 중 하
나를 선택하고, 영역을 클릭&드래그하면 해당 영역에서 자동으로 개체를 찾아 선택 영역으로 지정해 줍니다.
이미지에 따라 차이는 있지만 대체로 정확한 편입니다.

〈개체 선택 도구〉를 선택한 후 옵션 패널에서 **옵션: 사각형**으로 설정한 후 다음과 같이 고양이가 포함되도록 [클릭&드래그]하면 거의 정확하게 고양이만 선택 영역으로 지정되었습니다. **옵션: 올가미**로 설정한 후 고양이의 일부만 선택되도록 범위를 지정했음에도 비교적 정확하게 고양이를 선택 영역으로 지정했습니다.

∧ 사각형 옵션으로 선택

∧ 올가미 옵션으로 선택

개선된 속성 패널

• **문서 속성**: 레이어를 선택하지 않았을 때 캔버스 크기, 눈금자, 안
  내선 등의 옵션을 변경할 수 있습니다. 상단 메뉴에서 찾아 쓰던
  기능 중 일부까지도 속성 패널에 아이콘으로 추가되어 디자인 작
  업이 훨씬 수월해졌습니다.

• **픽셀 레이어 속성**: 이미지 레이어를 선택하면 표시되는 옵션으로 이
  미지 변형, 정렬 및 분포, 빠른 작업 옵션을 이용할 수 있습니다. 특
  히 [배경 제거]를 클릭하면 자동으로 레이어 마스크가 생성되며, 배
  경을 투명하게 제거합니다. 또한 [피사체 선택]을 클릭하면 자동으
  로 피사체를 찾아 선택 영역으로 지정해 줍니다.

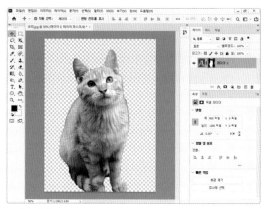
∧ 배경 제거

∧ 피사체 선택

- **문자 레이어 속성**: 텍스트를 입력하면 표시되는 속성으로, 상단 옵션 패널과 문자 및 단락 패널에서 수 정할 수 있던 옵션들이 추가되었습니다. 변형, 문자, 단락, 문자 옵션이 추가되었고 빠른 작업 항목에서 [프레임으로 변환], [모양으로 변환]을 클릭하면 텍스트를 좀 더 빠르게 변환할 수 있습니다.

향상된 변형 뒤틀기

뒤틀기 기능이 향상되었습니다. 이미지를 선택하고 상단 메뉴에서 [편집 – 변형 – 뒤틀기]를 선택합니다. 이후 원하는 위치에 격자선과 고정점을 추가할 수 있습니다. 옵션 패널에서 다양한 격자 형태와 크기를 선택할 수 있고, 캔버스에서 격자선을 클릭해서 선택하고, Delete 를 눌러 삭제할 수도 있습니다.

TIP 그 밖의 추가 기능

- 고급 개체를 수정하려면 섬네일을 더블 클릭한 후 새로운 작업 창을 이용했습니다. 하지만 고급 개체 레이어를 우클릭한 후 [레이어로 변환]을 선택하면 현재 작업 창에서 바로 수정할 수 있게 되었습니다.
- 〈브러시 도구〉를 사용 중에 ~ 를 누른 채 클릭&드래그하면 〈지우개 도구〉처럼 사용할 수 있으며, 방향키를 사용해 브러시 각도를 변경할 수 있습니다. ← 는 왼쪽으로 1도, Shift + ← 는 15도, → 는 오른쪽으로 1도, Shift + → 는 오른쪽으로 15도 회전됩니다.
- Alt 를 누른 채 레이어의 이미지 섬네일을 클릭하면 화면에 꽉 찬 크기로 이미지가 확대/축소됩니다.

독자 여러분의 원활한 실습 진행을 위해 책에 사용한 거의 모든 예제 파일과 완성 파일을 제공합니다. 독자 지원 페이지(http://bit.ly/snsphotoshop)에 방문하신 후 [예제 파일.zip]을 클릭하여 다운로드하여 압축을 풀고 사용하세요.

TIP 독자 지원 페이지는 [Notion]으로 만든 페이지로 크롬 브라우저를 이용해야 원활하게 접속할 수 있습니다. 크롬 브라우저를 사용하지 않는다면 http://bit.ly/snsdownload에서 직접 예제 파일을 다운로드할 수 있습니다.

또한, 책에서 발견된 오탈자 정보와 오류를 확인할 수 있는 정오표, 저자 소개, 책에서 사용하는 무료 글꼴 종류 및 다운로드 페이지 등을 정리해 두었으니 수시로 방문해 보세요.

≫ 정오표 및 저자 소개

≫ 실습에 사용한 무료 글꼴